Milch, Joghurt, Käse, Rahm

Beatrice Aepli

Milch, Joghurt, Käse, Rahm

Abwechslungsreich kochen
mit Milchprodukten

MIDENA

Die Deutsche Bibliothek – CIP-Einheitsaufnahme

Aepli, Beatrice:
Milch, Joghurt, Käse, Rahm : abwechslungsreich kochen mit Milchprodukten / Beatrice Aepli. – Augsburg : Midena, 1998
ISBN 3-310-00424-4

Midena Verlag, Augsburg

Lektorat: Léonie Haefeli-Schmid, Küttigen
Umschlagbild: fotostudio hansjörg volkart ag, Zürich
Umschlaggestaltung: KA·BA factory, Augsburg
Foodfotos: fotostudio hansjörg volkart ag, Zürich
Layout: Cornelia Osterbrauck, München;
Marion Kraus, Augsburg
Satz: satz studio gmbh, Bäumenheim
Lithos: Repro Ludwig GmbH, A-Zell am See
Druck und Bindung: Offizin Andersen Nexö, Leipzig – ein Betrieb der INTERDRUCK Graphischer Großbetrieb GmbH
Printed in Germany

Gedruckt auf umweltfreundlich elementar chlorfrei gebleichtem Papier

ISBN 3-310-00424-4

Inhalt

Wo nicht anders vermerkt, sind die Rezepte für 4 Personen berechnet.

Maßeinheiten

EL = Eßlöffel
TL = Teelöffel
ml = Milliliter
dl = Deziliter
Msp = Messerspitze

Milch und Milchprodukte

Die Milch wird seit Jahrhunderten als Grundnahrungsmittel und natürliche Gesundheitsquelle geschätzt. Unter den Lebensmitteln nimmt sie eine Sonderstellung ein, enthält sie doch viele lebenswichtige Nährstoffe. Die Milch ist reich an Protein (Eiweiß), Kalzium, Vitamin B_2 und B_{12}. In jüngster Zeit erfreuen sich Probiotica (Sauermilchprodukte) mit ihrem günstigen Einfluß auf die Darmflora großer Beliebtheit.

Die empfohlene tägliche Menge Milch und Milchprodukte
200 ml/2 dl Vollmilch, 1 Becher Naturjoghurt,
40 g Hartkäse.

Protein

Milch enthält 3,2 % Protein (Eiweiß); der Eiweißstoff besteht größtenteils aus Kasein. Milcheiweiß hat einen hohen Anteil an essentiellen Aminosäuren, d. h. Eiweißbestandteilen, welche der menschliche Körper nicht selber bilden kann und die deshalb durch die Nahrung zugeführt werden müssen. ½ Liter Milch pro Tag deckt bereits den Bedarf an essentiellen Aminosäuren. Weil das hochwertige tierische Milcheiweiß in seiner Zusammensetzung den menschlichen Proteinbausteinen ähnlich ist, kann es gut verwertet werden. Die Kombination von Milcheiweiß und pflanzlichem Eiweiß ergibt eine hochwertige Proteinkombination.

Kalzium

Unter der Vielzahl von Mineralstoffen, die in der Milch und in den daraus hergestellten Produkten vorhanden sind, fällt vor allem der Mineralstoff Kalzium auf. Er spielt eine wichtige Rolle bei der Blutgerinnung, ist am

Aufbau von Knochen, Knorpeln und Zähnen beteiligt und steuert die Erregung von Muskeln und Nerven. Wenn die Knochen, insbesondere während der ersten 30 Lebensjahre, nicht mit genügend Kalzium versorgt werden, besteht das Risiko einer frühzeitigen krankhaften Entkalkung der Knochen. Knochenerweichung, Knochenbrüche und Verkrümmung des Rückens sind die bekannten Folgen. Dieser krankhafte Zustand wird auch als Osteoporose bezeichnet. Betroffen sind vor allem Frauen nach der Menopause. Eine Risikogruppe bilden auch die Veganer, die auf sämtliche tierische Produkte verzichten.

Die endgültige Knochenmasse wird erst im Alter von 25 bis 35 erreicht. Eine ausreichende Kalziumversorgung im Wachstums- und Erwachsenenalter ist deshalb sehr wichtig. Der Kalziumbedarf wird zu 60 bis 70% mit Milch und Milchprodukten gedeckt.

Das in Milchprodukten enthaltene Kalzium kann vom Körper am besten aufgenommen werden. Grund ist der Milchzucker. Genauso wichtig für den Kalzium-Stoffwechsel ist das Vitamin D, welches ebenfalls in der Milch und in den Milchprodukten vorhanden ist.

Vitamine

Milch und Milchprodukte enthalten eine Vielzahl von Vitaminen, welche für den Körper essentiell sind. Da sie der menschliche Organismus nicht selber bilden kann, müssen sie mit der Nahrung zugeführt werden. Die Vitamine haben auch eine Schutzfunktion, sind sie doch in der Lage, krankhafte Prozesse zu bekämpfen. Einen erhöhten Bedarf an Vitaminen haben Schwangere, Stillende, Hochleistungssportler, »Gestreßte« usw.

Bei einer abwechslungsreichen und ausgewogenen Ernährung wird der Organismus mit genügend Vitaminen versorgt. Milch und Milchprodukte spielen dabei eine wichtige Rolle.

Vitamine B_2 und B_{12}

Milch und Milchprodukte sind eine wichtige Quelle an Vitaminen B_2 und B_{12}. Mit der empfohlenen Menge an Milch und Milchprodukten können rund 50% des täglichen Bedarfs gedeckt werden.

Bei einem Verzicht auf Milch und Milchprodukte müßte eine erwachsene Person täglich 6,5 kg Äpfel oder 1,3 kg rohe Nudeln/Teigwaren oder 870 g Vollkornbrot essen, um den Bedarf an Vitamin B_2 zu decken.

Vitamin B_2 greift als Wirkungsgruppe bei der Zellatmung ein. Ein Mangel kann zu Wachstumsstörungen führen. Auch Müdigkeit, Muskel- und Wadenkrämpfe, fettiges Haar, brüchige Nägel und Hautschrunden sind häufige Mangelerscheinungen.

Das Vitamin B_{12} ermöglicht den Aufbau von Eiweißen und für die Bildung der roten Blutkörperchen verantwortlich. Veganer leiden oft unter einem Vitamin-B_{12}-Mangel. Die Folgen können Müdigkeit, Blutarmut, Herzklopfen, Atemnot und blaße Haut sein.

Probiotica

Über Probiotica wurde in letzer Zeit sehr viel geschrieben. Probiotica sind Sauermilchprodukte mit ausgesuchten Bakterienstämmen, welche durch bestimmte physiologische Wirkungsmechanismen das Ökosystem im Darmtrakt günstig beeinflussen.

Schon in der Antike galt die Säuerung von Lebensmitteln als natürliche Konservierungsmethode. Zu Beginn des 20. Jahrhunderts entdeckten Forscher, daß Milchsäurebakterien die menschliche Darmflora und die Gesundheit günstig beeinflussen. 1908 erhielt der russische Forscher und Pionier Ilya Metschnikoff den Nobelpreis für Immunologie. Metschnikoff konnte beweisen, daß fermentierte (angesäuerte) Milchprodukte ausgleichend auf die Darmflora wirken und vor Infektionen schützen. Durch die Säuerung gerinnt das Milcheiweiß, was zu einer rascheren Verdauung führt.

Zudem wird die Aufnahme von Milchzucker gefördert und bioaktive Substanzen wie Milchsäure werden gebildet. Angesäuerte Milchprodukte sind bekömmlicher als Milch.

Die jüngsten Generationen von Sauermilchprodukten sind sowohl für die gesunde Ernährung als auch für die Diätetik von besonderem Interesse. Bei den herkömmlichen Sauermilchprodukten wurden Bakterien eingesetzt, welche durch die Magensäure meistens abgetötet wurden. Der modernen Forschung ist es gelungen, Milchsäurebakterien zu züchten, welche im Magen überleben und im Darm ihre Wirkung entfalten können. Diese jüngsten Milchsäurebakterien sind Kulturen mit probiotischen Eigenschaften. Untersuchungen zeigen, daß gewisse Bakterienstämme krankmachende Darmbakterien hemmen können. Der Stuhl bleibt weniger lang im Darm und die Darmflora wird günstig beeinflusst.

Im Rahmen einer gesunden und ausgewogenen Ernährung empfiehlt es sich, Sauermilchprodukte aufgrund ihres idealen Nährstoffgehaltes und der ausgleichenden Wirkung täglich zu konsumieren.

Milchprodukte lagern

Es empfiehlt sich, Milchprodukte gekühlt (4 °C) aufzubewahren.

Käse soll etwa eine Stunde vor dem Verzehr aus dem Kühlschrank genommen werden, damit er bei Zimmertemperatur sein volles Aroma entfalten kann. Wer über einen geeigneten Keller mit gleichmäßiger Temperatur (12 °C) verfügt, hat im Sommer und Winter einen idealen Lagerort für Käse.

Milchprodukte können – mit gewissen Einschränkungen – problemlos tiefgekühlt werden. Wichtig: Tiefkühlprodukte immer im Kühlschrank auftauen. 1 Liter Milch benötigt dazu etwa 1 Tag.

Tiefgekühlte Produkte	Haltbarkeit
pasteurisierte Milch in der Verkaufspackung (kein Glas)	ca. 3 Monate
Rahm/süße Sahne in der Verkaufspackung (kein Glas); eignet sich nachher nur noch zum Kochen/Backen und kann ohne Rahm-/Sahnebläser nicht mehr steif geschlagen werden	ca. 1 Monat
Butter in der Verkaufspackung	ca. 6 Monate
Speisequark; alle Quarksorten, in der Verkaufspackung	ca. 3 Monate
Käse; Weich- und Halbhartkäse am Stück oder geschnitten, Hartkäse gerieben (im Beutel)	ca. 6 Monate

	Kurzbeschreibung	Herstellung	Verwendung
MILCH	Gesundes, vielseitiges Naturprodukt. Enthält fast alle für die menschliche Ernährung wichtigen Nährstoffe. Nach dem Melken wird die Milch sofort auf 4°C abgekühlt, was die Keimbildung bremst. Milch soll, wenn sie nicht weiterverarbeitet wird, innerhalb von zwei Tagen verbraucht werden.	Es werden folgende Arten der Milchbehandlung angewendet: – Roh: Ohne weitere Behandlung gekühlt 2 bis 3 Tage haltbar. – Pasteurisieren: Milch wird während 15 bis 40 Sekunden auf etwa 75°C erhitzt und anschließend gekühlt. Gekühlt bis 6 Tage haltbar. – Uperisieren (UHT-Milch/ H-Milch): Milch wird während einiger Sekunden auf etwa 150°C erhitzt. Verliert einen Teil ihres Nährwertes. Kann auch ohne Kühlung 2 bis 3 Monate aufbewahrt werden. – Homogenisieren: Durch Zentrifugieren werden die Fettkügelchen zerkleinert und in der Milch gleichmäßig verteilt. Dies ändert nichts an der jeweiligen Haltbarkeit und am Nährwert. Pasteurisierte und uperisierte Milch sind immer homogenisiert.	Wird verwendet für die Herstellung von verschiedenen Milchsorten, Sahne/Rahm, Butter, Quark, Käse usw.
Rohmilch/ Vorzugsmilch 3,7% bis 4% Fettgehalt	Unerhitzte Milch. Enthält fast alle für die menschliche Ernährung wichtigen Nährstoffe. Man kennt etwa hundert Einzelstoffe.	Vorzugsmilch hat sehr hohe Hygieneanforderungen zu erfüllen; etwas weniger streng sind die Hygiene- und Qualitäts-	Ausgangsprodukt (direkt und indirekt) für alle anderen Milchprodukte.

	Kurzbeschreibung	Herstellung	Verwendung
		kontrollen bei Rohmilch. Im Offenverkauf auf vielen Bauernhöfen. Rohmilch kann normalerweise direkt ab Hof, Vorzugsmilch u. a. im Reformhaus gekauft werden.	
Vollmilch 3,5% bis 3,7% Fettgehalt		Pasteurisiert und (meistens) homogenisiert. Auch im Offenverkauf und als UHT-/H-Milch (uperisierte Milch) erhältlich.	Trinkmilch und zur Zubereitung von Milchgerichten, z. B. Reis, Pudding usw.
Teilentrahmte Milch/ Milchdrink 1,7 bis 2,7% Fettgehalt		Pasteurisiert und (meistens) homogenisiert. Auch als UHT-/H-Milch erhältlich.	Trinkmilch und zur Zubereitung von Milchgerichten.
Entrahmte Milch/ Magermilch 0,1 bis 0,5% Fettgehalt		Fast vollständig entrahmt, pasteurisiert und (meistens) homogenisiert. Nur abgefüllt erhältlich.	Wird ausschließlich als Getränk verwendet.
Sauermilch		Durch Milchsäurebakterien geronnene Milch. Aus Vollmilch, teilentrahmter Milch oder Magermilch.	Wird meist in Bechern angeboten. Getränk. Ideal für Salatsaucen. Nicht kochfest.

	Kurzbeschreibung	Herstellung	Verwendung
Natur-joghurt/ Frucht-joghurt/ Aroma-joghurt	Besonders leicht verdauliches Milchprodukt.	Durch Zusatz von Milchsäurebakterien und durch Erhitzung von Milch gewonnen. Aus Vollmilch, teilentrahmter Milch und Magermilch. Mit Aromen oder Früchten angereichert oder als Naturjoghurt erhältlich: – stichfester Joghurt – gerührter Joghurt – Trinkjoghurt	Als Zwischenmahlzeit. Für süße und pikante Saucen und Desserts. Der Joghurt ist nicht kochfest!
Kefir		Die Milch wird mit Hefepilzen und Milchsäurebakterien angereichert. Der Kefirpilz setzt einen Teil des Milchzuckers in Milchsäure um, einen weiteren Teil in Alkohol. Der Alkoholgehalt liegt bei 0,7%. Für Säuglinge und Kleinkinder nicht geeignet. Im Becher erhältlich als Kefir natur oder mit Aroma.	Als Zwischenmahlzeit. Für süße und pikante Saucen und Desserts. Der Kefir ist nicht kochfest!
RAHM/ SAHNE/ SCHLAG-OBERS	Alle Rahmsorten haben einen hohen Energie- und Nährwert, daher nur sparsam verwenden.	Wenn Frischmilch nicht bewegt wird, steigt das Milchfett an die Oberfläche und kann abgeschöpft werden. In der milchverarbeitenden Industrie wird das Milchfett durch Zentrifugieren gewonnen.	Verfeinert Gerichte, als Schlagrahm/ Schlagsahne für Desserts. Kochfest und säurebeständig.

	Kurzbeschreibung	Herstellung	Verwendung
Doppelrahm/ Crème double Fettgehalt ca. 45%		Im Handbetrieb wird frische Milch stehen gelassen, bis sich der Rahm (das Milchfett) an der Oberfläche angesammelt hat und abgeschöpft werden kann. Doppelrahm wird nicht nachgefettet; er hat eine natürliche cremige Konsistenz.	Zum Binden von Saucen, als Creme und für Desserts. Kann zu Schlagrahm verarbeitet werden, wird jedoch nicht luftig.
Vollrahm/ Schlagrahm/Süße Sahne/ Schlagobers Fettgehalt 30 bis 35%	Flüssige Sahne		Flüssig zum Verfeinern von Saucen, Suppen, Aufläufen und Gratins usw. Geschlagen für Süßspeisen wie Cremes, Mousses, Puddings, Eis usw. Geschlagen auch zum Dekorieren von Torten usw.
Crème fraîche/ saure Sahne Fettgehalt 30 bis 40%	Sauermilchprodukt, dickflüssig oder stichfest.		Für pikante Saucengerichte, Dips und Desserts. Kann nicht zu Schlagrahm verarbeitet werden.
Halbrahm/ Schmand/ saure Sahne Fettgehalt ca. 25%			Für pikante Saucengerichte, Dips und Desserts. Kann nicht zu Schlagrahm verarbeitet werden.

	Kurzbeschreibung	Herstellung	Verwendung
Kaffeerahm/ Kaffeesahne Fettgehalt 10 bis 15%	Aus Rahm/süßer Sahne; teilentrahmt, pasteurisiert und ultrahocherhitzt.		Zum Verfeinern von Salatsaucen und kalten Saucen. Zum Mischen mit heißen Getränken wie Kaffee. Darf nicht gekocht werden, da er/sie ausflockt.
BUTTER ca. 82% Fett Süßrahmbutter Sauerrahmbutter Gesalzene Butter Kräuterbutter	Aus Rahm hergestellt. Unterschieden wird zwischen den Qualitäten Markenbutter, Molkereibutter und Kochbutter. Zwischen Markenbutter und Molkereibutter bestehen nur kleine Qualitätsunterschiede.	Durch Zentrifugieren wird der Rahm von der Buttermilch getrennt. Der Rahm wird im Butterfass zu Butter geschlagen; als Nebenprodukt entsteht Buttermilch. Für 1 kg Butter werden etwa 25 l Frischmilch benötigt.	Butter ist beliebter Bestandteil schmackhafter Gerichte. Saucen gibt sie den typischen Geschmack, Kuchen macht sie feucht und viele Torten leben von der berühmten Buttercreme. Eignet sich auch zum Dünsten von Gemüse.
Butterschmalz/ Bratbutter fast 100% Fett	Entsteht durch Erhitzen von Butter.	Durch das Erhitzen der Butter verdunstet das Wasser und das geronnene Eiweiß kann entfernt werden.	Dank dem hohen Schmelzpunkt eignet sich das Butterschmalz zum Braten, Backen und Fritieren.
Buttermilch 0,5% Fettgehalt		Nebenprodukt bei der Butterherstellung. Fettarm, jedoch reich an Proteinen, Mineralstoffen und Vitaminen.	Gut für Salatsaucen und feines Eis. Buttermilch ist nicht kochfest.

	Kurzbeschreibung	Herstellung	Verwendung
QUARK (Frischkäse) Quark natur Fruchtquark	Pastenartiger Frischkäse.	Aus pasteurisierter Magermilch. Durch Anreicherung mit Milchsäurebakterien und wenig Lab gerinnt die Milch. In der Zentrifuge werden dann der feste Teil »Quark« und der flüssige Teil »Molke« getrennt.	– Für süße Saucen, Cremes, Füllungen, Aufläufe. – Für pikante Saucen, Füllungen, Aufstriche. – Für Kräuterquark (gehackte Kräuter untermischen).
Speisequark, mager, ca. 0,3% Fettgehalt bzw. 2% Fett i. Tr.	Basis der verschiedenen Quarksorten ist immer der magere Speisequark.		Durch den hohen Anteil an Eiweiß entsteht eine feste Masse. Der Quark ist krümelig und trokken. Nicht kochfest.
Speisequark, halbfett, ca. 2,5% Fettgehalt bzw. 10% Fett i. Tr.	Leicht cremig und geschmeidig.	Speisequark (mager) wird mit Rahm angereichert.	Nicht kochfest.
Speisequark, fett, ca. 5% Fettgehalt bzw. 20% Fett i. Tr.	Deutlich cremig.	Speisequark (mager) wird mit Rahm angereichert.	Kochfest.
Rahmquark/ Sahneqark, ca. 11% Fettgehalt bzw. 40% Fett i. Tr.	Sehr geschmeidig und deutlich cremig. Rahmiges Aroma.	Speisequark (mager) wird mit Rahm angereichert.	Kochfest.

	Kurzbeschreibung	Herstellung	Verwendung
KÄSE	»F. i. Tr.« steht für »Fett in der Trockenmasse« = prozentualer Fettanteil in der Trockenmasse des Käses. Wer den absoluten Fettgehalt selber berechnen will, kann so vorgehen: – Frischkäse F. i. Tr. x 0.3 – Weichkäse F. i. Tr. x 0.5 – Halbhartkäse F. i. Tr. x 0.6 – Hartkäse F. i. Tr. x 0.7	Käse wird hauptsächlich aus Kuhmilch, bestimmte Sorten jedoch auch aus Büffel-, Schafs- oder Ziegenmilch, hergestellt. Entscheidend für das Endprodukt Käse sind u. a.: – Tierart – Gegend – Behandlung der Milch (Käseherstellung) – Pflege des Käses während der Reifezeit	
Frischkäse alle Fettstufen	Das Angebot an Frischkäsesorten ist groß. Der Frischkäse macht keinen Reifeprozeß durch, er ist rindenlos und wird nur wenig gesalzen. Sorten – Cottage Cheese (Nordamerika); körnige Struktur, extrem mild. – Mascarpone (Italien); Basis feiner Desserts. – Ricotta (Italien); ursprünglich aus Schafsmilch, heute vorwiegend aus Kuhmilch. – Blanc battu (Frankreich); fettfrei. – Speisequark.	Nach der Pasteurisierung erfolgt die Säuerung durch Sauer- oder Buttermilch, eventuell wenig Lab. Blanc battu zum Beispiel wird mit Bakterienkulturen aus Magermilch hergestellt. Nach dem Gerinnen wird die Masse in einem speziellen Verfahren cremig gerührt.	Mit Gewürzen und Kräutern als Brotaufstrich, für Saucen und Dips. Gesüßt und mit Früchten gemischt.

	Kurzbeschreibung	Herstellung	Verwendung
Weichkäse 38-52% Fett i. Tr.	Diese Gruppe umfaßt die unterschiedlichsten Käsesorten. Der Käse ist am Anfang ziemlich fest. Mit fortschreitender Reife wird er weich bis cremig-flüssig. Weichkäse ist schon nach wenigen Wochen genußreif. Sorten von mild bis rezent beziehungsweise scharf. Einige Sorten – Münster (Elsass); intensiver Geschmack in der Vollreife. – Brie (Ile-de-France); mit dem typischen weißen Schimmel. – Camembert (Normandie); wird aus Rohmilch hergestellt.	Dicklegung durch Säurewecker und Lab. Entwickelt Weißschimmel oder Rotschmiere durch spezielle Pilzkulturen. Reifezeit 1 bis 4 Wochen.	
Blauschimmelkäse (halbfester Schnittkäse) 45 bis 55% Fett i. Tr.	Wird aus verschiedenen Milchsorten hergestellt. Der Geschmack wird vor allem durch die jeweilige Schimmelart bestimmt. Einige Sorten – Roquefort (Frankreich); ein Klassiker, für den schon im 15. Jahrhundert Bestimmungen erlassen wurden. – Danablu (Dänemark); milder, kräftiger Geschmack.	Die Schimmelkulturen können dem Käsebruch – so nennt man die krümelige und noch nicht geformte Käsemasse – beigemischt werden. Aber auch die Impfung (pikieren) von Käselaiben ist möglich. Fast jedes Land, in dem Käse produziert wird, hat auch einen Blauschimmelkäse.	

	Kurzbeschreibung	Herstellung	Verwendung
	– Gorgonzola (Italien); im Handel als Gorgonzola dolce (milder Geschmack) und Gorgonzola piccante (scharfer Geschmack).		
Halbhartkäse (fester Schnittkäse) 48 bis 60% Fett i. Tr.	Einige Sorten – Gouda – Edamer – Tilsiter – Appenzeller – Tête de Moine – Taleggio – Fontina	Dicklegung nur durch Lab oder auch mit Säurewecker. Natürliche Rindenbildung. Reifezeit 4 Wochen bis über 1 Jahr.	Dank ihrer cremigen Konsistenz ideal zum Kochen.
Hartkäse 60% Fett i. Tr.	Vor allem aus Rohmilch hergestellt. Sie werden verschieden lang gelagert, was sich auf ihre Festigkeit, ihren Geschmack – von mild (jung) bis würzig (alt) – auswirkt. Einige Sorten – Greyerzer – Emmentaler – Parmesan – Pecorino – Cheddar	Dicklegung durch Lab oder auch mit Säurewecker. Zunächst Erhitzen des Bruchs auf 62°C, dann nach Pressung natürliche Rindenbildung. Reifezeit 3 Monate bis zu 2 Jahren.	Gerieben für Nudelgerichte, Gratins usw.

Alltag

Alltagsgerichte sind meist preiswerte und einfache Gerichte. Sie eignen sich gut für »last minute«-Mahlzeiten, sei es, daß man überraschend Besuch bekommt, oder ganz einfach wenig Zeit zum Kochen hat. Die Rezeptzutaten sind in der einen oder anderen Form im Haushalt vorrätig, sei es im Kühlschrank, in der Gefriertruhe oder in der Vorratsdose.

Zitronennudeln

ca. 1,5 l Milch
50 ml/0,5 dl Weißwein
2 Zitronen, abgeriebene Schale
1 TL Meersalz
400 g Vollkornnudeln

2 Tomaten
einige Zitronenmelissenblättchen
100 g geriebener Parmesan
Pfeffer aus der Mühle

Tip

Es ist wichtig, daß die Milch mit den Zutaten vorerst nur erwärmt und nicht gekocht wird, sonst gerinnt die Flüssigkeit.

1 Milch, Weißwein, abgeriebene Zitronenschalen und Salz erwärmen. Die Nudeln beigeben und aufkochen, während etwa 15 Minuten auf kleinem Feuer köcheln lassen, bis die Nudeln fast alle Flüssigkeit aufgenommen haben und gar sind.

2 Den Stielansatz der Tomaten kreisförmig herausschneiden, die Früchte würfeln. Die Zitronenmelissenblättchen fein hacken.

3 Die Tomatenwürfelchen und die gehackten Kräuter unter die Nudeln mischen, nochmals erhitzen.
Den geriebenen Käse untermischen und mit Pfeffer abschmecken.

Variante:
Anstelle der Zitronenmelisse kann auch Schnittlauch verwendet werden.

Abbildung
vorne: Zitronennudeln
hinten: Kartoffel-Auflauf (Rezept Seite 24)

Kartoffel-Auflauf

1 kg Kartoffeln
250 g Champignons
50 g Speck

Guß

2 Freilandeier
100 g Speisequark, mager, 0,3% Fett
100 g Sahne-/Rahmquark, 11% Fett
200 ml/2 dl Milch
Meersalz
Pfeffer aus der Mühle
geriebene Muskatnuß

Tip

Mit einem gemischten Salat servieren.

1 Die Kartoffeln in der Schale im Dampf knapp weich garen, etwas abkühlen lassen, dann schälen und in 5 mm dicke Scheiben schneiden.

2 Die Champignons putzen und in Scheiben schneiden. Den Speck klein würfeln, ohne Fett braten. Die Pilzscheiben beifügen und einige Minuten dünsten.

3 Den Backofen auf 200 Grad vorheizen.

4 Sämtliche Zutaten für den Guß verrühren. Mit Salz, Pfeffer und Muskatnuß würzen.

5 Die Kartoffeln in eine gebutterte Gratin- oder Auflaufform schichten, gleichzeitig die Speck-Pilz-Mischung einstreuen. Den Guß darübergießen.

6 Den Kartoffel-Auflauf im vorgeheizten Ofen auf unterstem Einschub 25 Minuten backen.

Variante:
Die Champignons durch Pfifferlinge/Eierschwämme oder Steinpilze ersetzen. Den Speck weglassen, dafür die Pilzmenge verdoppeln.

Abbildung Seite 23

Eierspätzle an Käse-Salbei-Butter

1 Die Salbeiblätter sehr fein hacken. Den geriebenen Käse und den gehackten Salbei mit der Butter vermengen. Mit Salz und Pfeffer abschmecken.

2 Mehl, Eier und Meersalz glatt rühren. Den Spätzleteig so lange mit einer Holzkelle schlagen, bis er Blasen wirft.

3 Für das Abschrecken der Spätzle eine Schüssel mit kaltem Wasser bereitstellen.

4 In einem weiten Kochtopf reichlich Salzwasser erhitzen. Ein Holzbrett kurz ins kochende Salzwasser tauchen, etwas Teig darauf geben und mit einem Messer Teigstreifen vom Brett ins Wasser schaben. Die Spätzle steigen lassen, 1 bis 2 Minuten köcheln lassen, dann mit einem Schaumlöffel aus dem Wasser nehmen und im kalten Wasser abschrecken. So weiterfahren, bis der Teig aufgebraucht ist.

5 In einer weiten Pfanne wenig Salbeibutter zergehen lassen, die Spätzle darin heiß werden lassen. Die restliche Salbeibutter beifügen und gut vermengen.

Käse-Salbei-Butter

- 1 Tasse Salbeiblätter
- 75 g geriebener Fontina
- 75 g zimmerwarme Butter
- Meersalz
- Pfeffer aus der Mühle

Spätzle

- 200 g Vollkornmehl
- 5 Freilandeier
- 1 TL Meersalz

Spinat-Rouladen

Pfannkuchen

2 Freilandeier
200 ml/2 dl Milch
60 g Buchweizenmehl
20 g Vollkornmehl
Meersalz

Butterschmalz/
Bratbutter zum Backen

Füllung

1 kleine Zwiebel
1 Knoblauchzehe
1 EL Butter
1 kg Spinat
100 g Frischkäse
1 Eigelb
2 EL Pinienkerne

Sauce

1 kleine Zwiebel
1 EL Butter
100 ml/1 dl Gemüsebrühe/-bouillon
1 Becher (180–200 g) süße Sahne/Rahm
150 g Champignons

1 Für den Pfannkuchenteig Eier, Milch und Mehl glatt rühren. Würzen. Den Teig 30 Minuten ruhen lassen.

2 Für die Füllung die Zwiebel und den Knoblauch fein hacken, in der warmen Butter andünsten. Den gut abgetropften Spinat beifügen und dünsten, bis er zusammengefallen ist. Auskühlen lassen.

3 Für die Sauce die Zwiebel fein hacken und in der warmen Butter andünsten. Mit der Gemüsebrühe und der süßen Sahne angießen, köcheln lassen, bis die Sauce von dicklicher Konsistenz ist. Die geputzten und in Scheiben geschnittenen Pilze zu der Sauce geben, 5 bis 10 Minuten auf kleinem Feuer köcheln lassen.

4 Den Backofen auf 180 Grad vorheizen.

5 Aus dem Teig in einer Bratpfanne in wenig Butterschmalz 4 Pfannkuchen braten.

6 Den ausgekühlten Spinat sehr gut ausdrücken, Frischkäse, Eigelb und Pinienkerne untermischen. Würzen.

7 Die Spinatmischung auf die Pfannkuchen verteilen, satt einrollen. Die Pfannkuchen auf ein gefettetes Blech legen, im vorgeheizten Ofen auf mittlerem Einschub 15 Minuten backen. In beliebig dicke Scheiben schneiden.

8 Mit der Sauce auf vorgewärmten Tellern einen Spiegel machen. Die Pfannkuchenscheiben darauf anrichten. Sofort servieren.

Abbildung
Spinat-Rouladen

Lauch-Cannelloni

für 4 Personen
als Vorspeise
für 4 Cannelloni

2 dicke Lauchstangen

Füllung

250 g Fischfilets
100 g Cottage Cheese/ Hüttenkäse
1 Freilandei
Meersalz
Pfeffer aus der Mühle

Sauce

restlicher Lauch
1 EL Butter
1 Becher (180–200 g) süße Sahne/Rahm
50 g geriebener Parmesan
Meersalz
Pfeffer aus der Mühle

1 Vom Lauch wird der weiße Teil für die Cannelloni verwendet. Den Lauch putzen und die weißen Teile in 10 cm lange Stücke schneiden. Die Lauchrohre sorgfältig auseinander stoßen; das geht am besten mit dem Stiel eines Kaffeelöffels, den man in der Mitte ansetzt und langsam nach innen stößt. Die äußeren Rohre mit dem größten Durchmesser für die Cannelloni verwenden.

2 Den Fisch im Cutter oder mit dem Stabmixer fein pürieren. Den Cottage Cheese und das Ei untermischen. Mit Salz und Pfeffer würzen. Die Lauchrohre damit füllen.

3 Den Backofen auf 180 Grad vorheizen.

4 Für die Sauce den restlichen Lauch in feinste Streifen schneiden. In der warmen Butter kurz dünsten, mit der süßen Sahne angießen. Den geriebenen Käse bis auf einen Eßlöffel unterrühren. Würzen.

5 Die Hälfte der Lauchsauce in eine Gratinform verteilen, die Lauch-Cannelloni darauflegen, mit der restlichen Sauce übergießen. Den Käse darüberstreuen.

6 Die Lauch-Cannelloni im vorgeheizten Ofen bei 180 Grad auf mittlerem Einschub 25 Minuten überbacken.

Älpler-Makkaroni

600 g Kartoffeln
150 g Penne/Makkaroni oder Rigatoni
Meersalz

4 Frühlingszwiebeln oder 1 junger Lauch
2 EL Butter
200 ml/2 dl Milch
200 g geriebener Käse, z. B. Greyerzer Käse oder Gouda
Pfeffer aus der Mühle
geriebene Muskatnuß

1 Die Kartoffeln schälen und in 2 cm große Würfel schneiden. Im Dampf nicht zu weich garen.

2 Die Penne in reichlich Salzwasser al dente kochen.

3 Die Zwiebeln mit dem Grün oder den Lauch in Scheiben/Röllchen schneiden, in der warmen Butter andünsten.

4 Die Milch aufkochen, den Kochtopf von der Wärmequelle nehmen und den geriebenen Käse unterrühren. Die Kartoffelscheiben und die Penne beigeben, sorgfältig vermengen. Mit Salz, Pfeffer und Muskatnuß abschmecken.

5 Die Älpler-Makkaroni in vorgewärmten tiefen Tellern anrichten. Mit den gedünsteten Zwiebeln oder dem Lauch garnieren.

Info:
Die Älpler-Makkaroni sind ein typisches Schweizer Gericht, zubereitet aus Zutaten, die in jedem Haushalt zum eisernen Vorrat gehören.

Gemüse-Quiche

für ein Kuchenblech von 26 bis 28 cm ∅ für 4 bis 6 Personen als Hauptmahlzeit

Teig

- 300 g Vollkornmehl
- 1 TL Meersalz
- 150 g kalte Butter
- 1 Freilandei
- 3 EL Wasser

Füllung

- 300 g Möhren/Karotten
- 150 g Paprikaschoten/Peperoni
- 250 g Blumenkohl

Guß

- 3 Freilandeier
- 60 g geriebener Emmentaler Käse
- 100 ml/1 dl Milch
- 50 g/0,5 dl süße Sahne/Rahm
- Meersalz
- Pfeffer aus der Mühle
- geriebene Muskatnuß

Tip

Das Gemüse je nach Saison variieren.

1 Das Mehl und das Salz in einer Schüssel mischen. Die Butter in kleine Stücke schneiden, zwischen den Fingern mit dem Mehl krümelig reiben. Das Ei und das Wasser dazugeben, zu einem Teig zusammenfügen, nur so lange kneten, bis der Teig zusammenhält. Den Teig zwischen zwei Klarsichtfolien auf Blechgröße ausrollen, eine Folie entfernen und die Rondelle in die Form stürzen, nun die zweite Folie entfernen. 30 Minuten kühl stellen.

2 Die Möhren putzen und in Scheiben schneiden. Die Paprikaschote halbieren, entkernen und den Stielansatz entfernen, in Vierecke schneiden. Den Blumenkohl in kleine Röschen brechen. Sämtliches Gemüse im Dampf bißfest garen, 5 bis 10 Minuten.

3 Den Backofen auf 200 Grad vorheizen.

4 Die Zutaten für den Guß gut verrühren. Würzen.

5 Das Gemüse auf den Teigboden verteilen, den Guß darübergießen. Die Quiche im vorgeheizten Ofen auf unterstem Einschub etwa 35 Minuten backen.

Abbildung
vorne: Hirseburger mit Tomatensauce (Rezept Seite 32)
hinten: Gemüse-Quiche

Hirse-Burger mit Tomatensauce

Hirse-Burger

360 g Hirse
600 ml/6 dl Wasser
4 Eigelb
100 g geriebener Parmesan
Meersalz
Pfeffer aus der Mühle
4 Eiweiß
2 Bund Petersilie

Butterschmalz/Bratbutter zum Braten

Sauce

2 Tomaten
1 Bund Basilikum
1 Becher (150–180 g) Naturjoghurt oder Blanc battu
1 EL Zitronensaft
Meersalz
Pfeffer aus der Mühle

1 160 g Hirse und 400 ml/4 dl Wasser unter ständigem Rühren aufkochen, auf kleinem Feuer 20 Minuten köcheln lassen.

2 Die restliche Hirse im Cutter mahlen oder im Mörser zerstoßen. Das restliche Wasser aufkochen, die gemahlene Hirse einrühren, den Topf vom Feuer ziehen und die Hirse zugedeckt 30 Minuten ausquellen lassen.

3 Eigelb, Käse, ganze Hirse und Hirsebrei vermengen, gut würzen.

4 Für die Sauce die Tomaten an der Spitze kreuzweise einschneiden, in siedendes Wasser tauchen, die Haut abziehen und den Stielansatz kreisförmig herausschneiden. Die Tomaten klein würfeln. Die Basilikumblätter in feine Streifen schneiden. Sämtliche Zutaten für die Sauce verrühren. Mit Pfeffer und Salz abschmecken.

5 Das Eiweiß zu steifem Schnee schlagen und mit der Hirsemasse sorgfältig vermengen. Die Petersilie fein hacken und untermischen.

6 Das Butterschmalz erhitzen, aus der Hirsemasse in der Bratpfanne Burger formen und diese auf kleinem Feuer beidseitig langsam braten. Mit der Tomatensauce servieren.

Abbildung Seite 31

Brunch

Brunch, die Zeit zwischen spätem Morgen
und frühem Mittag ist oft Voraussetzung
für einen gemütlichen und faulen Sonntag.
Einiges kann vorbereitet werden,
anderes ist schnell angerichtet.
Es bestehen keine festen Regeln,
jeder nimmt das, zu was er Lust hat.
Danach ist die Zeit bis zum Abend noch
genügend lang, um das zu tun,
was man schon lange tun wollte.

Ei-Käse-Salat

für 4 bis 6 Personen

Salat

- 6 hart gekochte Eier
- 100 g Emmentaler Käse
- 100 g Greyerzer Käse
- 1 kleine Zwiebel
- 2 Bund Schnittlauch

Sauce

- 1 Becher (200-250 g) Crème fraîche/dickflüssige saure Sahne, 30-40% Fett
- 2 EL Milch, 2 EL Essig
- 1 EL Senf, Salz, Pfeffer

Garnitur

- 1 Bund Radieschen

1 Die gekochten Eier schälen und in Scheiben schneiden. Den Emmentaler und den Greyerzer Käse in Würfel oder Stäbchen schneiden. Die Zwiebel in Scheiben schneiden. Den Schnittlauch fein schneiden.

2 Die Zutaten für die Sauce glattrühren, mit Salz und Pfeffer abschmecken.

3 Die Eierscheiben auf einer Platte auslegen. Den Käse und die Zwiebeln darüber verteilen. Mit der Sauce überziehen und dem Schnittlauch bestreuen. Mit den Radieschen garnieren.

Rührei auf Toastbrot

- 1 Bund Schnittlauch
- 4 Freilandeier
- 1 Becher (180-200 g) saure Sahne/saurer Halbrahm, 25% Fett
- Meersalz
- Pfeffer aus der Mühle
- 1 EL Butter

- 4 Scheiben Vollkorn-Toastbrot

1 Den Schnittlauch fein schneiden. Die Eier verquirlen, die saure Sahne und den Schnittlauch unterrühren.
Mit Salz und Pfeffer würzen.

2 Die Brotscheiben toasten.

3 Die Butter in einer Pfanne zergehen lassen, die Eiermasse dazugießen, unter Rühren stocken lassen.

4 Das Rührei auf die Toastscheiben verteilen.
Sofort servieren.

Kräuterterrine

für eine Terrineform von 1 Liter Inhalt für 12 Personen

- 6 Gelatineblätter
- 3 Bund Schnittlauch
- 3 Bund Petersilie
- 400 g Blanc battu oder Naturjoghurt
- 200 g Crème double/ Doppelrahm
- 1 Knoblauchzehe
- Meersalz
- Pfeffer aus der Mühle
- 100 ml/1 dl Milch

1 Die Gelatineblätter in kaltes Wasser legen.

2 Den Schnittlauch fein schneiden, die Petersilie fein hacken.

3 Blanc battu oder Joghurt, Crème double und Kräuter glattrühren. Die Knoblauchzehe dazupressen. Mit Salz und Pfeffer würzen.

4 Die Milch aufkochen, den Kochtopf von der Wärmequelle ziehen und 1 Minute stehen lassen. Die gut ausgedrückten Gelatineblätter zur Milch geben, rühren, bis sich die Gelatine aufgelöst hat. Unter die Kräutercreme rühren.

5 Die Terrinenmasse in die Form füllen und glattstreichen. Im Kühlschrank fest werden lassen.

6 Die Terrine kurz in ein heißes Wasserbad stellen, dann stürzen und anrichten.

Emmentaler Flammechueche

für ein rechteckiges Kuchenblech von 35x40 cm
für 6 Personen als Hauptmahlzeit

Hefeteig

500 g Dinkel-Ruchmehl oder -Vollkornmehl
1,5 TL Meersalz
20 g Hefe
300 ml/3 dl Wasser
2 EL Öl

Belag

300 g Emmentaler Käse
150 g Sahne-/Rahmquark, 11% Fett
1 Becher (180–200 g) saure Sahne/saurer Halbrahm, 25% Fett
Meersalz
Pfeffer aus der Mühle
Muskatnuß

Tip

Für eine Hauptmahlzeit 100 g Frühstücksspeck in Streifen schneiden und/oder Zwiebeln in Scheiben schneiden und auf dem Belag verteilen.

1 Das Mehl und das Salz in einer Schüssel mischen. Die Hefe in 2 Eßlöffeln Wasser flüssig rühren, mit dem restlichen Wasser und dem Öl unter das Mehl rühren. Den Teig 5 bis 10 Minuten kräftig kneten. Wenn der Teig zu trocken ist, noch etwas Wasser einkneten. Wenn er zu feucht ist, wenig Mehl einkneten. Den Teig an einem warmen Ort zugedeckt auf das doppelte Volumen aufgehen lassen.

2 Den Backofen auf 220 Grad vorheizen.

3 Den Emmentaler Käse mit der Röstiraffel/dem Gemüsehobel grob raspeln. Mit dem Quark und der sauren Sahne vermengen. Würzen.

4 Das Kuchenblech einfetten. Den Teig auf Blechgröße ausrollen und in die Form legen. Die Käsemischung darauf ausstreichen. Den Kuchen im vorgeheizten Ofen bei 220 Grad auf mittlerem Einschub 20 Minuten backen.

Abbildung
vorne: Emmentaler Flammechueche
hinten: Apfelkuchen (Rezept Seite 38)

Apfelkuchen

für ein Kuchenblech von 26 cm ∅ für 8 Personen

Quark-Blitzblätterteig

- 125 g kalte Butter
- 125 g Vollkornmehl
- 125 g Speisequark, mager, 0,3% Fett
- ½ TL Meersalz

Belag

- 8 Äpfel, z. B. Golden Delicious oder Glockenäpfel
- 50 g Butter
- 60 g Vollrohrzucker
- 100 ml/1 dl Apfel- oder Orangensaft

Vanillesahne

- 1 Becher (180–200 g) saure Sahne/saurer Halbrahm, 25% Fett
- 1 Beutel Vanillezucker
- 1 EL flüssiger Honig

1 Für den Teig die Butter in Stücke schneiden, zusammen mit den übrigen Zutaten in eine Schüssel geben, gut vermengen, nur so lange kneten, bis der Teig zusammenhält. Mindestens eine Stunde kühl stellen. Damit der Teig blättrig wird, gibt man ihm nun etwa 4 Touren. Dafür den Teig etwa 1 cm dick zu einem Rechteck ausrollen, den Teig exakt in drei Teile falten. 30 Minuten ruhen lassen oder noch besser kurze Zeit in den Tiefkühler legen. Diesen Vorgang 3 Mal wiederholen. Den Quarkblätterteig mindestens 2 Stunden kühl stellen.

2 Die Äpfel schälen, vierteln, das Kerngehäuse entfernen, die Apfelviertel in Spalten schneiden.

3 Die Butter und den Zucker auf mittlerem Feuer so lange köcheln lassen, bis der Zucker karamelisiert. Die Apfelstücke beigeben und gut mit dem Karamel mischen. Mit dem Apfel- oder Orangensaft angießen. Die Äpfel zugedeckt auf kleinstem Feuer köcheln lassen, bis sie sehr weich sind. Auskühlen lassen.

4 Den Backofen auf 200 Grad vorheizen.

5 Das Blech einfetten. Den Teig ausrollen und in die Form legen. Mit einer Gabel mehrmals einstechen. Die Äpfel kreisförmig auf den Teig legen. Den Apfelkuchen im vorgeheizten Ofen bei 200 Grad auf mittlerem Einschub 20 Minuten backen.

6 Die Zutaten für die Vanillesahne glattrühren. Zusammen mit dem noch warmen Apfelkuchen servieren.

Abbildung Seite 37

Kokos-Kernen-Müsli

1 Haferflocken, Milch, Joghurt und Honig gut verrühren.

2 Die Haselnüsse grob hacken und zusammen mit den Sonnenblumenkernen und den Kokosflocken in einer Pfanne rösten. Erkalten lassen.

3 Die Äpfel vierteln, das Kerngehäuse entfernen, in Spalten schneiden. Die Erdbeeren halbieren.

4 Früchte, Mischung aus Nüssen, Kernen und Flocken sowie Rosinen unter das Müsli rühren. Mit den Erdbeeren garnieren.

Variante:
Die Früchte und Beeren je nach Saison variieren, z. B. Birnen, Pflaumen, Kirschen, Himbeeren nehmen. Den Joghurt durch Quark oder saure Sahne ersetzen.

50 g Haferflocken
100 ml/1 dl Milch
1 Becher (150–180 g) Naturjoghurt
2 EL flüssiger Honig
50 g ganze Haselnüsse
2 EL Sonnenblumenkerne
2 EL Kürbiskerne
40 g Kokosflocken
2 Äpfel
250 g Erdbeeren
50 g Rosinen

Erdbeeren für die Garnitur

Abbildung Seite 41

Beerendrink

für 4 Gläser

125 g Beeren, z. B. Brombeeren, Heidelbeeren
2 EL flüssiger Honig
0,5 l Milch
1/4 Melone
1 Pfirsich oder 1 Nektarine

1 Beeren, Honig und Milch pürieren. Kühl stellen.

2 Die Melone entkernen. Mit dem Kugelausstecher Kugeln abstechen. Den Pfirsich halbieren und entsteinen, in Spalten schneiden. Melonenkugeln und Pfirsichspalten auf 4 Kunststoff-Stäbchen reihen.

3 Den Beerendrink in hohe Gläser füllen. Fruchtstäbchen darauflegen.

Vanille-Himbeer-Milch

für 4 Gläser

Vanillemilch

250 g Sahne-/Rahmquark, 11% Fett
250 ml/2,5 dl Milch
1 Beutel Vanillezucker
2 EL flüssiger Honig

Himbeermilch

2 Becher (je 150–180 g) Himbeerjoghurt
2 EL Himbeersirup
250 ml/2,5 dl Milch

1 Die Zutaten für die Vanillemilch und die Himbeermilch in einem separaten Krug gut verrühren.

2 Vier hohe Gläser bereitstellen. Nun die Himbeer- und Vanillemilch gleichzeitig in die Gläser einlaufen lassen, so daß ein Marmormuster entsteht.

Abbildung
vorne: Kokos-Kernen-Müsli (Rezept Seite 39)
Mitte: Vanille-Himbeer-Milch
hinten: Beerendrink

Ricotta-Mohn-Zopf

Hefeteig

400 g Dinkel-Ruchmehl oder -Vollkornmehl
1 TL Meersalz
30 g Hefe
40 g Vollrohrzucker
50 g flüssige Butter
1 Freilandei
150–200 ml/1,5–2 dl lauwarme Milch

Füllung

500 g Ricotta
50 ml/0,5 dl Milch
75 g Weizen-Vollkorngrieß
50 g Vollrohrzucker
1 Eigelb
1 Zitrone, abgeriebene Schale
50 g Mohnsamen

1 Eiweiß zum Bestreichen

Tip

Der Zopf schmeckt frisch am besten, er kann aber auch tiefgekühlt und aufgebacken werden.

1 Das Mehl und das Salz in einer Schüssel mischen. Die Hefe im Zucker flüssig rühren, zusammen mit der flüssigen Butter, dem Ei und der Milch zum Mehl geben, alles zusammenfügen und während 10 Minuten zu einem glatten Teig kneten. Ist der Teig zu trocken, wenig Milch einkneten; ist der Teig zu feucht, wenig Mehl einkneten. Den Zopfteig zugedeckt an einem warmen Ort auf das doppelte Volumen aufgehen lassen.

2 Für die Füllung alle Zutaten verrühren. 30 Minuten stehen lassen.

3 Den Zopfteig nochmals gut kneten und in drei Portionen teilen. Jedes Teigstück zu einem Rechteck von etwa 20 x 30 cm ausrollen, je ein Drittel der Füllung in die Mitte geben und gleichmäßig ausstreichen, dabei auf allen 4 Seiten 2 cm Rand frei lassen. Die Teigränder mit Eiweiß einpinseln. Die Rechtecke in Längsrichtung aufrollen. Die drei Teigrollen mit dem Teigende nach unten zu einem Zopf flechten. Auf ein gefettetes Blech legen und 30 Minuten gehen lassen.

4 Den Backofen auf 200 Grad vorheizen.

5 Den Zopf auf unterstem Einschub 50 Minuten backen.

Abbildung
Ricotta-Mohn-Zopf

Buffet

Buffets sind immer der Treffpunkt vieler netter Leute. Am Buffet kann von ganz einfach bis zu extravagant alles geboten werden. Vieles läßt sich schon Tage vorher vorbereiten, anderes wird frisch zubereitet besonders geschätzt. Und – ein Buffet läßt Zeit zu Gesprächen.

Gemüseterrine mit Tomaten-Vinaigrette

1 Vom Brot die Rinde entfernen, die weichen Teile würfeln und in die Milch einlegen. Vor der Weiterverwendung gut ausdrücken.

2 Die Möhren schälen und in feine Scheiben schneiden. Die Bohnen putzen und quer halbieren. Den Blumenkohl in kleine Röschen brechen. Sämtliches Gemüse im Dampf knackig garen, in einem Sieb mit kaltem Wasser abschrecken. Die Pilze putzen und vierteln, die Petersilie fein hacken, beides in der warmen Butter kurz dünsten, würzen.

3 Ausgedrücktes Brot, Gemüse, Pilze und restliche Zutaten gut mischen. Mit Salz und Pfeffer abschmecken. Die Gemüsemasse in eine gut eingebutterte Terrineform füllen und glattstreichen. Mit Alufolie verschließen. Die Form in ein feuerfestes Gefäß mit kochendem Wasser stellen. Das Wasser soll bis ein Drittel unter den Rand reichen. Die Gemüseterrine im vorgeheizten Ofen bei 180 Grad auf mittlerem Einschub 80 Minuten pochieren. Die Terrine bei Zimmertemperatur auskühlen lassen, dann über Nacht kühl stellen.

4 Für die Vinaigrette die Zwiebeln fein hacken, das Grün in Streifchen schneiden. Bei den Tomaten den Stielansatz kreisförmig herausschneiden, klein würfeln. Essig und Öl verrühren, würzen. Die gehackten Zwiebeln samt Grün und die Tomatenwürfelchen beifügen. Die Terrine stürzen und in Scheiben schneiden. Mit der Vinaigrette servieren.

Abbildung Seite 47

für eine Terrineform von 1,2 Liter Inhalt für 12 Personen

Terrine

- 2 Scheiben Vollkornbrot
- 50 ml/0,5 dl Milch
- 200 g Möhren/Karotten
- 150 g grüne Bohnen
- 100 g Blumenkohl
- 100 g Champignons
- 1 Bund Petersilie
- 1 EL Butter
- Meersalz
- Pfeffer aus der Mühle
- 2 Freilandeier, verquirlt
- 100 g geriebener Emmentaler Käse
- 50 g geriebener Sbrinz
- 50 g/0,5 dl süße Sahne/Rahm

Tomaten-Vinaigrette

- 2 Frühlingszwiebeln
- 2 Tomaten
- 4 EL Balsamessig
- 8 EL kaltgepreßtes Olivenöl
- Meersalz
- Pfeffer aus der Mühle

Lachsterrine

für eine Terrineform von 0,5 Liter Inhalt für 12 Personen

250 g Lachsfilet, ohne Haut
1 Bund Dill
2 Gelatineblätter
0,5 l Gemüsebrühe/-bouillon
1 Becher (200–250 g) Crème fraîche/dickflüssige saure Sahne
Meersalz
Pfeffer aus der Mühle
wenig Zitronensaft

1 Das Lachsfilet in gleichmäßig große Würfel schneiden. Den Dill fein hacken.

2 Die Gelatineblätter in kaltes Wasser legen.

3 Die Gemüsebrühe aufkochen und die Lachswürfel darin auf der ausgeschalteten Wärmequelle zugedeckt 5 Minuten pochieren, aus der Brühe nehmen und beiseite stellen.

4 Von der Lachsbrühe 50 ml/0,5 dl abmessen und aufkochen, von der Wärmequelle nehmen. Die gut ausgedrückten Gelatineblätter in der Brühe unter Rühren auflösen. Die Crème fraîche unterrühren. Den gehackten Dill dazugeben. Mit Salz, Pfeffer und Zitronensaft abschmecken.

5 Die Terrineform möglichst glatt mit Klarsichtfolie auslegen.

6 Sobald die cremige Masse am Schüsselrand ansulzt, die Lachswürfel untermischen, in die Terrineform oder in kleine Portionenförmchen füllen. Mindestens 6 Stunden kühl stellen.

7 Die Terrine stürzen und in Tranchen schneiden.

Variante:
Wenig geräucherten Lachs beifügen.

Abbildung
vorne: Gemüseterrine mit Tomaten-Vinaigrette (Rezept Seite 45)
hinten: Lachsterrine

Gefüllter Reblochon

für 6 Personen als Dessert

- 50 g Korinthen
- 2 EL Marc
- 3 EL Pinienkerne
- 100 g Doppelsahne/ Doppelrahm-Frischkäse
- Meersalz
- Pfeffer aus der Mühle
- 1 reifer runder Weichkäse von 8–10 cm Durchmesser, z. B. Reblochon, Camembert (aus dem Kühlschrank)

- einige Korinthen und Pinienkerne für die Garnitur
- 2 EL kaltgepreßtes Olivenöl oder einige Tropfen Trüffelöl

Tip

Der Käse darf reif sein, aber nicht fließen. Nur so kann er noch gut portioniert werden. Wenn der Reblochon im voraus zubereitet wird, sollte man ihn in den Kühlschrank stellen. 1 Stunde vor dem Servieren herausnehmen.

1 Die Korinthen und den Marc mischen, 1 Stunde marinieren.

2 Die Pinienkerne ohne Fettstoff hellbraun rösten.

3 Korinthen und Pinienkerne unter den Frischkäse rühren, würzen.

4 Den Käse zweimal quer durchschneiden, die Füllung auf die Käserondellen streichen. Den Käse wieder zusammensetzen. Nicht mehr kühl stellen.

5 Den gefüllten Käse vor dem Servieren mit Korinthen und Pinienkernen bestreuen, mit wenig Öl beträufeln.

Abbildung
vorne: gefüllter Reblochon
hinten: Fromage surprise (Rezept Seite 50)

Fromage surprise

für eine kleine Ringform von 20 cm ∅ für 20 Personen

3 getrocknete Feigen
100 ml/1 dl Portwein
300 g Taleggio oder Fontina
300 g rezenter Greyerzer Käse oder Gouda
100 g Walnuß-/Baumnußkerne
125 g Frischkäse
1 Becher (180–200 g) saure Sahne/saurer Halbrahm, 25% Fett
Meersalz
Pfeffer aus der Mühle
Paprikapulver

16 Scheiben Raclettekäse, hauchdünn geschnitten

1 Die Feigen klein würfeln und mindestens 2 Stunden im Portwein marinieren. Den Käse in kleine Würfel schneiden. Die Walnüsse grob hacken.

2 Den Frischkäse und die saure Sahne glattrühren. Die Käsewürfelchen dazugeben und gut vermengen; dies geht am besten mit den Händen. Die gehackten Feigen samt Marinade und die gehackten Walnüsse untermischen. Würzen.

3 Eine Ringform (Savarinform) mit Klarsichtfolie auslegen. Die Raclettescheiben so in die Form legen, daß sie sich immer wenig überlappen. Die Käsemasse satt einfüllen und festdrücken. Mit den Raclettescheiben abschließen; darauf achten, daß sich die Enden überlappen.

4 Die Ringform kühl stellen. Mindestens 1 Stunde vor dem Servieren aus dem Kühlschrank nehmen. Die Form stürzen, die Klarsichtfolie entfernen und den Fromage surprise in Scheiben schneiden.

Abbildung Seite 49

Gefüllte Cracker

1 Für den Teig sämtliche Zutaten gut vermengen, kurz kneten. Den Teig zugedeckt 30 Minuten ruhen lassen.

2 Den Backofen auf 200 Grad vorheizen.

3 Den Crackerteig 2 mm dick ausrollen. Zuerst mit einer Gabel regelmäßig einstechen, dann mit einem runden Förmchen Rondellen ausstechen oder Rechtecke schneiden. Die Plätzchen im vorgeheizten Ofen auf mittlerem Einschub etwa 10 Minuten hellbraun backen.

4 Für die Füllung die Butter mit dem Schneebesen oder Handrührgerät so lange rühren, bis sie weiß ist und an Volumen sichtbar zugenommen hat. Dies dauert etwa 10 Minuten. Den Käse untermischen, würzen.

5 Die Käsemasse in einen Spritzbeutel mit gezackter Tülle füllen und auf die Hälfte der Plätzchen spritzen. Mit einem zweiten Plätzchen decken. Wenig Creme darauf spritzen und mit einer Pistazie garnieren.

für ca. 30 Stück

Teig

- 200 g Vollkornmehl
- 1 TL Meersalz
- 1 EL Vollrohrzucker
- 120 g zimmerwarme Butter
- 100 g geriebener Parmesan
- 6 EL Wasser
- 2 EL Kümmelsamen
- 2 EL Mohnsamen

Füllung

- 100 g zimmerwarme Butter
- 100 g geriebener Greyerzer Käse
- Meersalz
- Pfeffer aus der Mühle
- Paprikapulver

Garnitur

- Pistazien

Windbeutel mit Kräuterkäsefüllung

für 10 bis 12 Windbeutel

Brandteig

200 ml/2 dl Wasser
75 g Butter
1 Prise Meersalz
150 g Dinkel-Weißmehl
2 Freilandeier
150 g geriebener Greyerzer Käse
Meersalz
Pfeffer aus der Mühle

Füllung

2 Bund Schnittlauch
150 g/1,5 dl süße Sahne/Rahm
125 g Kräuter-Frischkäse
250 g Speisequark, halbfett, 2,5% Fett
Meersalz
Pfeffer aus der Mühle

1 Für den Brandteig Wasser, Butter und Salz aufkochen. Das Mehl im Sturz dazugeben. Mit einem Holzlöffel rühren, bis sich ein Teigklumpen gebildet hat. Den Kochtopf von der Wärmequelle ziehen und ein Ei nach dem andern unter kräftigem Rühren unter den Teig arbeiten. Nun den geriebenen Käse gut unterrühren. Würzen.

2 Den Backofen auf 200 Grad vorheizen.

3 Das Backblech mit Backtrennpapier belegen. Die Teigmasse in einen Spritzbeutel mit großer, runder Tülle füllen. Auf das Blech in großem Abstand etwa 5 cm große Häufchen spritzen.

4 Die Windbeutel im vorgeheizten Ofen auf unterstem Einschub 30 Minuten backen. Auskühlen lassen. Mit einem scharfen Messer oder mit einer Schere einen Deckel abschneiden.

5 Für die Füllung den Schnittlauch fein schneiden. Die süße Sahne steif schlagen. Den Kräuter-Frischkäse mit dem Quark gut verrühren, alle Zutaten beifügen und sorgfältig vermengen. Würzen. Die Masse in einen Spritzbeutel mit gezackter Tülle füllen, die Windbeutel füllen.

Abbildung
Windbeutel mit Kräuterkäsefüllung

Gurkensalat an Pfefferminzsauce

Sauce

4 Zweigchen Pfefferminze
150 g Sahne-/Rahmquark, 11% Fett
1 EL Senf
Meersalz
Pfeffer aus der Mühle

1 Salatgurke

1 Die Pfefferminzblättchen zupfen und fein hacken.

2 Den Quark und den Senf glattrühren. Mit Salz und Pfeffer würzen. Gehackte Pfefferminze untermischen. 1 Stunde stehen lassen.

3 Die Gurke in feine Scheiben schneiden und mit der Sauce mischen.

Variante:
Sahnequark durch dickflüssige saure Sahne/Crème fraîche ersetzen.

Pikante Käsekugeln

für ca. 20 Kugeln

4 Scheiben Vollkornbrot
200 g Kürbiskerne

200 g Schinken
250 g Camembert
300 g geriebener reifer Greyerzer Käse
100 g Butter
2 Knoblauchzehen
Pfeffer aus der Mühle

1 Den Backofen auf 180 Grad vorheizen. Die Brotscheiben im Ofen etwa 10 Minuten beidseitig rösten, bis sie trocken sind. Mit der Handmühle fein mahlen. Die Kürbiskerne fein hacken. Den Schinken fein hacken. Den Camembert mit einer Gabel zerdrücken.

2 Käse, zimmerwarme Butter und durchgepreßte Knoblauchzehen vermengen. Mit Pfeffer abschmecken. Den gehackten Schinken untermischen.

3 Aus der Käsemasse Kugeln formen. Die Hälfte davon im gemahlenen Brot drehen, die andere Hälfte in den Kürbiskernen.

Bistroküche

Nicht immer ist es möglich, ein ausgiebiges Essen einzunehmen. Da können kleine vorbereitete Mahlzeiten helfen. Besonders gut eignen sich kalte Salate in den verschiedensten Varianten. Neben den nötigen Kalorien sollten auch Vitamine in genügender Menge vertreten sein. Und: kalte Mahlzeiten können auch ganz schön abwechslungsreich sein.

Nudelsalat Sunshine

für 2 Personen

1 Briefchen Safranpulver
150 g Vollkorn-Bandnudeln

150 g Fleischkäse
2 Bund Radieschen
2 Stengel Stauden-/Stangensellerie
1 grüne Paprikaschote/Peperoni

Sauce

1 Bund Schnittlauch
150 g Blanc battu
4 EL Essig, 1 Eigelb

1 Reichlich Salzwasser zusammen mit dem Safranpulver aufkochen. Die Nudeln darin al dente kochen, abgießen und kalt abschrecken.

2 Den Fleischkäse würfeln. Die Radieschen und den Staudensellerie in Scheiben schneiden. Die Paprikaschote halbieren, entkernen und den Stielansatz entfernen, in Vierecke schneiden.

3 Für die Sauce den Schnittlauch fein schneiden. Sämtliche Zutaten verrühren. Mit Salz und Pfeffer würzen.

4 Nudeln, Gemüse und Fleischkäse mit der Sauce vermengen.

Apfel-Gemüse-Salat mit Cottage Cheese

für 2 Personen

1 Kohlrabi, 1 Fenchel
2 Äpfel
50 g Haselnüsse

Sauce

200 g Cottage Cheese/Hüttenkäse
1 TL Currypulver
3 TL Apfelessig
1 TL flüssiger Honig

1 Die Saucenzutaten verrühren. Mit Salz und Pfeffer abschmecken.

2 Kohlrabi putzen und in feine Stäbchen schneiden. Fenchel putzen, längs halbieren und in feine Scheiben schneiden. Äpfel vierteln, das Kerngehäuse entfernen, in Spalten schneiden. Alles mit der Sauce mischen und anrichten. Gehackte Haselnüsse darüberstreuen.

Abbildung
vorne: Apfel-Gemüse-Salat mit Cottage Cheese
hinten: Nudelsalat Sunshine

Getreide mit Ratatouille

für 2 Personen

250 ml/2,5 dl Wasser
75 g Getreiderisotto
Meersalz
Pfeffer aus der Mühle

250 g Tomaten
1/2 Aubergine
1 kleine Paprikaschote/Peperoni
1/2 Zucchino
1 EL Butterschmalz/Bratbutter
reichlich frische Kräuter, z. B. Petersilie, Basilikum, Oregano, Thymian
1 Becher (150–180 g) Naturjoghurt
Meersalz
Pfeffer aus der Mühle

1 Das Wasser und die Getreidekörner aufkochen, auf kleinem Feuer zugedeckt 30 Minuten köcheln lassen. Mit Salz und Pfeffer würzen. Auf der ausgeschalteten Wärmequelle zugedeckt 30 Minuten quellen lassen.

2 Die Tomaten an der Spitze kreuzweise einschneiden. In kochendes Wasser tauchen, bis sich die Haut löst. Die Tomaten schälen, den Stielansatz kreisförmig herausschneiden, würfeln.

3 Die Aubergine beidseitig kappen, klein würfeln. Die Paprikaschote halbieren, entkernen und den Stielansatz entfernen, in Streifen schneiden. Den Zucchino in Scheiben schneiden. Das Gemüse im Butterschmalz andünsten. Die Tomatenwürfelchen dazugeben, auf kleinem Feuer bißfest garen.

4 Das Gemüse unter die Getreidekörner mischen. Auskühlen lassen.

5 Die Kräuter fein hacken, zusammen mit dem Joghurt unter das Getreide rühren. Abschmecken.

Hörnchen mit Linsenfüllung

4 Vollkornhörnchen

Füllung

- 100 g rote Linsen
- 2 Schalotten
- 2 Knoblauchzehen
- 200 g Cottage Cheese/Hüttenkäse
- 2 TL flüssiger Honig
- 2 EL Rotweinessig
- 1 EL eingelegte grüne Pfefferkörner
- Meersalz

1 Die Linsen mit Wasser bedecken, aufkochen und auf kleinem Feuer 10 Minuten köcheln lassen, bis sie weich sind. In ein Sieb abgießen und auskühlen lassen.

2 Die Schalotten und die Knoblauchzehen sehr fein hacken, mit dem Cottage Cheese vermengen. Honig, Essig und Pfefferkörner unterrühren. Die Linsen beifügen. Abschmecken.

3 Die Hörnchen aufschneiden und füllen.

Roastbeef-Sandwich

- 4 Scheiben Vollkornbrot
- 4 Blätter Lollo rosso
- 120 g Roastbeef

Tatarcreme

- 2 Salzgurken
- 2 EL Kapern
- 2 Schalotten
- 1 Bund Schnittlauch
- 2 hart gekochte Eier
- 1 EL Senf
- 150 g Sahne-/Rahmquark
- Salz, Pfeffer

1 Gurken, Kapern und Schalotten fein hacken. Den Schnittlauch fein schneiden. Die Eier schälen und fein würfeln. Sämtliche Zutaten gut vermengen. Mit Salz und Pfeffer würzen.

2 Auf jede Brotscheibe ein Salatblatt legen. Die Creme darauf verteilen. Das Fleisch aufrollen und darauf legen.

Abbildung Seite 61

Lauch-Käse-Sandwich

1 kleiner Lauch
200 g Schinken
150 g Greyerzer Käse
reichlich frische Kräuter, z. B. Schnittlauch, Petersilie, Dill
3 EL Speisequark, 0,3% Fett
2 EL Mayonnaise
1 EL Senf, 2 EL Essig
Salz, Pfeffer
Paprikapulver

2 Tomaten
4 Scheiben Vollkornbrot

1 Lauch putzen und in dünne Scheiben schneiden. Den Schinken klein würfeln. Den Käse mit der Röstiraffel/dem Gemüsehobel raspeln. Die Kräuter fein hacken.

2 Speisequark, Mayonnaise, Senf und Essig verrühren. Schinken- und Käsewürfelchen sowie gehackte Kräuter mit der Sauce vermengen. Mit Salz, Pfeffer und Paprikapulver würzen.

3 Bei den Tomaten den Stielansatz kreisförmig herausschneiden, in Scheiben schneiden. Die Tomatenscheiben auf das Brot legen. Das Lauch-Käse-Tatar bergartig darauf verteilen. Nach Belieben mit wenig Petersilie garnieren.

Brötchen mit Fleisch-Käse-Füllung

4 Vollkornbrötchen

120 g Rinder- oder Kalbsbraten
½ Apfel, ½ Salatgurke
1 Bund Schnittlauch
2 EL Mayonnaise
200 g Cottage Cheese/Hüttenkäse
Zitronensaft
Meersalz
Pfeffer aus der Mühle

1 Braten klein würfeln, den entkernten Apfel und die Salatgurke ebenfalls. Den Schnittlauch fein schneiden.

2 Die Mayonnaise unter den Cottage Cheese rühren. Mit Zitronensaft, Meersalz und Pfeffer würzen. Restliche Zutaten unterrühren. Die Brötchen halbieren und etwas aushöhlen. Füllen.

Abbildung
vorne: Brötchen mit Fleisch-Käse-Füllung
Mitte: Lauch-Käse-Sandwich
hinten: Roastbeef-Sandwich (Rezept Seite 59)

Käsesalat

für 2 Personen

- 75 g Camembert
- 75 g Freiburger Vacherin-Käse
- 75 g Greyerzer Käse
- 75 g Emmentaler Käse
- 1 Birne
- 1 Frühlingszwiebel oder 1 kleine Zwiebel
- 1 roter Radicchio/ Cicorino rosso

Sauce

- 3 EL Rotweinessig
- 4 EL kaltgepreßtes Olivenöl
- Meersalz
- Pfeffer aus der Mühle

1 Den Käse würfeln oder in Stäbchen schneiden.

2 Die Birne schälen, vierteln, entkernen und quer in Scheibchen schneiden. Die Zwiebel in feine Scheiben schneiden. Den roten Radicchio putzen und quer in feine Streifen schneiden. Sämtliche Zutaten mischen.

3 Den Salat auf Tellern anrichten. Die Sauce darüberträufeln.

Variante:
Für einen sommerlichen Salat die Birnen durch Aprikosen, Pfirsiche oder Nektarinen ersetzen und den Radicchio durch Kopfsalat, Lollo Rosso oder Schnittsalat. Den zarten Blattsalat am besten nicht untermischen, sondern direkt auf Tellern anrichten und mit wenig Essig und Öl beträufeln. Den Käse-Frucht-Salat daraufgeben.

Süßes Möhrenmüsli

1 Zitronensaft, Crème fraîche, Milch und Honig gut verrühren.

2 Die Möhren putzen. Die Möhren und den Apfel mit der Röstiraffel/dem Gemüsehobel direkt in die Sauce raspeln. Gut vermengen.

3 Die Banane schälen und in Scheiben schneiden. Die Grapefruit großzügig schälen, vierteln und in Scheiben schneiden. Bananen- und Grapefruitscheiben zusammen mit dem Cottage Cheese zum Müsli geben. Kurz vor dem Servieren die Hirseflocken untermischen. Die Kürbiskerne darüberstreuen.

½ Zitrone, Saft
100 g Crème fraîche/ dickflüssige saure Sahne
200 ml/2 dl Milch
6 EL flüssiger Honig

2 Möhren/Karotten
1 Apfel
1 Banane
1 rosa Grapefruit
200 g Cottage Cheese/ Hüttenkäse
150 g Hirseflocken
50 g Kürbiskerne

Variante:

In den Frühlings- und Sommermonaten die Grapefruit durch Erdbeeren oder Himbeeren ersetzen. Im Winter können die Möhren zur Abwechslung durch Pastinaken ersetzt werden, die mit Zitrusfrüchten ebenfalls harmonieren. Wer keine Hirseflocken vorrätig hat, nimmt feine Haferflocken.

Desserts

Das sind die »kleinen« Schlankmacher, die manchmal auch ganz schön auf's Gewicht drücken können. Dies ist aber immer auch eine Frage der eigenen Einstellung und des Wohlfühlgewichts. Desserts sollen als Abschluß einer Mahlzeit ja auch nicht sättigen, sondern der Hausfrau noch Möglichkeit geben, zu verwöhnen.

Joghurtköpfchen auf Pistaziensauce

für 4 bis 6 kleine Souffléförmchen

Flan

- 1 EL flüssige Butter
- 30 g Vollrohrzucker
- 1 Zitrone, abgeriebene Schale
- 1 EL Zitronensaft
- 250 g Naturjoghurt
- 2 Eigelb
- 40 g Vollkornmehl
- 2 Eiweiß

Sauce

- 2 EL Pistazienkerne
- 1 Becher (150–180 g) Naturjoghurt
- 1 EL Zitronensaft
- 1 EL flüssiger Honig

1 Für die Joghurtköpfchen Butter, Zucker, Zitronenschalen und -saft sowie Joghurt und Eigelb glattrühren. Das Mehl unterrühren.

2 Den Backofen auf 180 Grad vorheizen.

3 Die Souffléförmchen mit Butter ausstreichen.

4 In einem Kochtopf Wasser zum Kochen bringen.

5 Das Eiweiß zu Schnee schlagen und unter die Joghurtmasse heben. Die Masse bis auf $^{2}/_{3}$ Höhe in die gebutterten Souffléförmchen füllen.

6 Die Förmchen in eine Gratinform stellen und diese bis ein Drittel unter den Rand mit kochendem Wasser füllen. Die Flanköpfchen im vorgeheizten Ofen bei 180 Grad auf mittlerem Einschub 25 Minuten pochieren.

7 Die Pistazienkerne grob hacken. Sämtliche Zutaten für die Sauce verrühren.

8 Mit der Sauce auf den Tellern einen Spiegel machen, die Joghurtköpfchen darauf stürzen.

Abbildung Seite 67

Panna Cotta auf Mangosauce

für 4 bis 6 Portionenförmchen

Panna Cotta

- 300 g/3 dl süße Sahne/Rahm
- 200 ml/2 dl Milch
- 60 g Vollrohrzucker
- 1/2 Zitrone, abgeriebene Schale
- 1/2 Orange, abgeriebene Schale
- 1 TL Agar-Agar-Pulver (aus dem Reformhaus) *

- 2 Mangos

* Für die Dosierung des Pulvers ist die Empfehlung des Herstellers zu beachten.

1 Sämtliche Zutaten für die Panna Cotta in einem Kochtopf unter ständigem Rühren aufkochen und 2 Minuten auf kleinem Feuer köcheln lassen, in Portionenförmchen füllen. Panna Cotta bei Zimmertemperatur abkühlen lassen, dann für ein paar Stunden in den Kühlschrank stellen.

2 Die Mangos schälen und das Fruchtfleisch vom Kern schneiden. Die Fruchtstücke zerkleinern und pürieren.

3 Mit der Mangosauce auf Tellern einen Spiegel machen. Die Köpfchen darauf stürzen.

Abbildung
vorne: Panna Cotta auf Mangosauce
hinten: Joghurtköpfchen auf Pistaziensauce (Rezept Seite 65)

Bananenmousse auf Kiwisauce

für 4 bis 6 Personen

Mousse

4 kleine Bananen
1 Zitrone, Saft
4 EL flüssiger Honig
5 Gelatineblätter
50 g dunkle Schokolade
250 g/2,5 dl süße Sahne/Halbrahm

Kiwisauce

2 Kiwis
1 EL Zitronensaft
1 EL Vollrohrzucker

1 Die Gelatineblätter in kaltes Wasser legen.

2 Die Bananen schälen, zusammen mit dem Zitronensaft und dem Honig pürieren.

3 In einem kleinen Kochtopf wenig Wasser zum Kochen bringen. Die leicht ausgedrückten Gelatineblätter in einen Schöpflöffel geben und diesen ins heiße Wasserbad stellen. Rühren, bis die Gelatine flüssig ist.

4 Die aufgelöste Gelatine unter das Bananenpüree rühren. Die Schüssel in ein eiskaltes Wasserbad stellen (einige Eiswürfel beigeben).

5 Die Schokolade fein hacken. Die süße Sahne steif schlagen.

6 Sobald das Bananenpüree am Schüsselrand ansulzt, die süße Sahne und die gehackte Schokolade untermischen. Die Mousse während ein paar Stunden im Kühlschrank fest werden lassen.

7 Für die Sauce die Kiwis schälen, mit dem Zitronensaft und dem Zucker pürieren.

8 Mit der Kiwisauce auf Tellern einen Spiegel machen. Von der Bananenmousse mit einem Eßlöffel Klöße abstechen und auf der Sauce anrichten. Nach Belieben mit Schokoladelocken und Pfefferminzblättchen garnieren.

Abbildung
Bananenmousse auf Kiwisauce

Birnengratin

für 4 große Portionen-Gratinförmchen

4 Williams-Birnen
100 ml/1 dl Weißwein
100 ml/1 dl Wasser
1 EL Zitronensaft
60 g Vollrohrzucker

Creme

3 Eigelb
80 g fein gemahlener Vollrohrzucker
1 TL Zimtpulver
4 EL Williamsschnaps
200 g Crème fraîche/ dickflüssige saure Sahne, 30–40% Fett
3 Eiweiß
1 EL fein gemahlener Vollrohrzucker

1 Die Birnen schälen, halbieren, das Kerngehäuse und den Stielansatz entfernen. Weißwein, Wasser, Zitronensaft und Zucker aufkochen, die Birnenhälften in den Fond legen und auf kleinem Feuer zugedeckt weich kochen. Im Fond erkalten lassen. Die Birnenhälften in Spalten schneiden.

2 Den Backofen auf Grillstufe vorheizen.

3 Die Förmchen mit Butter ausstreichen.

4 Für die Creme Eigelb, Zucker, Zimtpulver und Williamsschnaps leicht luftig aufschlagen. Die Crème fraîche unterrühren.

5 Das Eiweiß mit dem Zucker zu steifem Schnee schlagen und sorgfältig unter die Eigelbcreme heben.

6 Die Creme auf die Gratinförmchen verteilen, die Birnenspalten darauf legen. Die Förmchen im vorgeheizten Backofen auf oberem Einschub kurz überbacken.

Erdbeer-Flan

für 6 Flan

2 Orangen, abgeriebene Schale und Saft
3 EL Vollrohrzucker
120 g Vollkornkekse/-biskuits
2 EL Cognac, nach Belieben
2 TL Maisstärke
150 g Sahne-/Rahmquark
2 EL flüssiger Honig
150 g/1,5 dl süße Sahne/Rahm
400 g Himbeeren oder Heidelbeeren

1 Die Orangenschalen mit 100 ml Orangensaft und dem Zucker aufkochen, 5 Minuten köcheln lassen.

2 Die Vollkornkekse zerbröseln und mit dem heißen Orangensirup tränken. Auf den Böden der Soufflé-förmchen verteilen.

3 Den restlichen Orangensaft mit dem Cognac und der Maisstärke verrühren, aufkochen und auskühlen lassen. Den Quark und den Honig unter die Creme rühren. Die Sahne steif schlagen und unterziehen.

4 100 g Himbeeren für die Garnitur auf die Seite legen. Die Beeren in die Förmchen verteilen. Mit der Creme auffüllen und den restlichen Himbeeren garnieren.

Erdbeerquark

500 g Erdbeeren
½ Zitrone, Saft
3 EL Akazienhonig
250 g Sahne-/ Rahmquark, 11% Fett
1 Orange, abgeriebene Schale

1 Einige Erdbeeren für die Garnitur beiseite legen. Die Hälfte der restlichen Erdbeeren mit dem Zitronensaft und dem Honig pürieren, die andere Hälfte vierteln.

2 Püree, Quark und Orangenschalen glattrühren. Die geviertelten Erdbeeren untermischen. Kühl stellen.

3 Den Quark in Glasschalen füllen. Mit den Erdbeeren und nach Belieben mit Orangenspalten garnieren.

Zitronencreme mit Himbeeren

1½ Zitronen
75 g Vollrohrzucker
1 Becher (150–180 g) Naturjoghurt
1 Becher (180–200 g) süße Sahne/Rahm
250 g Himbeeren

1 Abgeriebene Schale einer Zitrone, Saft von 1½ Zitronen, Zucker und Joghurt in einer Schüssel verrühren.

2 Süße Sahne steif schlagen und unterheben.

3 Ein paar Himbeeren für die Garnitur beiseite legen, die restlichen Beeren mit der Creme mischen. Im Kühlschrank gut kühlen.

4 Die Creme in Glasschalen füllen. Mit den restlichen Himbeeren und nach Belieben mit einem Sahnetupfer garnieren.

Abbildung
vorne: Zitronencreme mit Himbeeren
hinten: Erdbeerquark

Buttermilchpudding mit Feigen auf pikanter Sauce

für 6 Personen

Pudding

- 7 Gelatineblätter
- 2 Eiweiß
- 100 g fein gemahlener Vollrohrzucker
- 1 Becher (180–200 g) süße Sahne/Rahm
- 1 Zitrone, Saft
- $^1/_2$ l Buttermilch
- 50 ml/0,5 dl Milch

Sauce

- 100 g Vollrohrzucker
- 100 ml/1 dl Wasser
- 2 EL Weinessig
- 1 Stück frische Ingwerwurzel
- 6 Tropfen Tabascosauce
- 4 frische Feigen
- 250 g Beeren, z. B. Brombeeren oder Heidelbeeren
- 2 EL flüssiger Honig

1 Die Gelatineblätter in kaltes Wasser legen.

2 Das Eiweiß mit dem Zucker zu steifem Schnee schlagen. Die süße Sahne steif schlagen. Den Zitronensaft unter die Buttermilch rühren.

3 Die Milch erwärmen, den Kochtopf von der Wärmequelle ziehen. Die ausgedrückten Gelatineblätter unter Rühren in der Milch auflösen. Die Buttermilch unterrühren. Zuerst die steif geschlagene Sahne, dann das steif geschlagene Eiweiß sorgfältig unterziehen. Die Masse in Portionenförmchen oder Tassen füllen. Während ein paar Stunden im Kühlschrank fest werden lassen.

4 Für die Sauce den Zucker in einem Kochtopf karameliseren, mit dem Wasser und dem Essig ablöschen, aufkochen und so lange köcheln lassen, bis sich der Karamel aufgelöst hat. Die Ingwerwurzel mit der Zitronenreibe dazureiben, mit der Tabascosauce abschmecken, kurz köcheln lassen.

5 Bei den Feigen den Stielansatz wegschneiden, die ganzen Früchte in der Sauce ein paar Minuten zugedeckt ziehen lassen, längs vierteln oder achteln.

6 Die Beeren pürieren, bei großen Fruchtsteinchen durch ein Sieb streichen. Das Beerenpüree zusammen mit dem Honig unter die Sauce rühren.

7 Mit der Sauce auf Tellern einen Spiegel machen. Das Köpfchen darauf stürzen. Mit den Feigen garnieren.

Weiße Schokoladencreme

für 6 Personen

Mousse

200 g weiße Schokolade
500 g/5 dl süße Sahne/ Rahm
2 EL Honig

Garnitur

1 EL Schokoladenstreusel

1 Die Schokolade in Stücke brechen.

2 Die Hälfte der süßen Sahne mit dem Honig erhitzen, aber nicht kochen. Den Topf von der Wärmequelle ziehen. Die Schokolade beifügen und rühren, bis sie sich aufgelöst hat. Die Creme auskühlen lassen; sie darf nicht fest werden; dies dauert bei Zimmertemperatur etwa 1 Stunde.

3 Nun die Creme mit dem Handrührgerät so lange rühren, bis sie die Konsistenz von geschlagener süßer Sahne hat. Keinesfalls weiterschlagen. Die restliche süße Sahne steif schlagen und unter die Creme heben.

4 Die Creme in Schälchen verteilen, mit Schokoladenstreuseln garnieren und bis zum Servieren kühl stellen.

Kirscheis

für 4 bis 6 Personen

600 g schwarze Kirschen
80 g Vollrohrzucker
1/2 Zitrone, Saft
einige Tropfen Bittermandelöl
250 g Sahne-/ Rahmquark, 11% Fett

1 Die Kirschen entsteinen und mit dem Stabmixer grob hacken.

2 Grob gehackte Kirschen, Zucker, Zitronensaft und Bittermandelöl mischen. Den Quark unterrühren.

3 Die Kirschenmasse in der Eismaschine oder in einem geeigneten Behälter im Tiefkühler gefrieren lassen.

Einladungen

Einladungen können Hausfrau oder Hausmann schon ganz schön ins Rotieren bringen. Hier ist es wichtig, sich gut zu organisieren. Was vorbereitet werden kann, soll auch vorbereitet werden. Es bleibt immer noch vieles, mit dem man die Gäste direkt, mit feinen Düften aus der Küche als Vorfreude, verwöhnen kann.

Kalte Gurkensuppe mit Ricotta-Gnocchi

für 4 Personen als Vorspeise

- 2 Salatgurken
- 1/2 Zwiebel
- 1 Knoblauchzehe
- 1 EL Butter
- 0,5 l Gemüsebrühe/-bouillon
- Meersalz
- Pfeffer aus der Mühle
- einige Tropfen Tabascosauce
- 100 g/1 dl süße Sahne/Rahm

Gnocchi

- 1 Freilandei
- 1 Eigelb
- 125 g Ricotta
- 50 g geriebener Parmesan
- Meersalz
- geriebene Muskatnuß
- 50 g Vollkornmehl
- 50 g Vollkorn-Weizengrieß

Garnitur

- 1 Zweig Dill oder Kerbel

1 Die Gurken nicht schälen. Längs halbieren und die Kerne herausschaben. Klein würfeln.

2 Die Zwiebel und den Knoblauch fein hacken, in der warmen Butter andünsten. Die Gurkenwürfelchen zufügen und kurz mitdünsten. 4 Eßlöffel Gurkenwürfelchen entnehmen und beiseite stellen. Die Gurken mit der Brühe angießen, aufkochen und auf kleinem Feuer zugedeckt 20 Minuten köcheln lassen. Die Suppe pürieren. Mit Salz, Pfeffer und Tabascosauce würzen. Die Gurkenwürfelchen dazugeben und die Suppe kühl stellen.

3 Für die Gnocchi das Ei und das Eigelb verquirlen, den Ricotta unterrühren. Den Käse beifügen, mit Salz und Muskatnuß abschmecken. Das Mehl und den Grieß beigeben und gut vermengen. Die Gnocchimasse etwa 30 Minuten stehen lassen, bis sie etwas kompakter geworden ist.

4 Reichlich Salzwasser zum Kochen bringen. Von der Gnocchimasse mit zwei Teelöffeln Klöße abstechen und diese ins kochende Wasser geben, auf kleinstem Feuer etwa 8 Minuten ziehen lassen. Die Gnocchi mit einem Schaumlöffel aus dem Wasser nehmen und erkalten lassen.

5 Die kalte Gurkensuppe mit der süßen Sahne verfeinern und anrichten. Die Gnocchi dazugeben. Mit den Kräutern garnieren.

Spargelgratin

2 kg grüner oder weißer Spargel

100 g magerer Schinken

2 Eigelb
250 g Speisequark, 5% Fett
50 ml/0,5 dl Milch
Meersalz
Pfeffer aus der Mühle

50 g geriebener Greyerzer Käse

Tip

Dieses Gratin kann ein paar Stunden im voraus zubereitet werden. Vor dem Servieren nur noch überbacken.

1 Beim grünen Spargel nur das untere Drittel schälen und die Schnittstelle kappen. Beim weißen Spargel das untere Drittel großzügig, den Rest sparsam schälen und die Schnittstelle kappen. Den grünen Spargel etwa 10 Minuten, den weißen je nach Dicke 20 bis 30 Minuten im Dampf garen. Die Spargelstangen quer halbieren.

2 Den Backofen auf 250 Grad vorheizen.

3 Den Schinken in Streifen schneiden. Eigelb, Quark und Milch verrühren. Würzen.

4 Die Spargelstangen in eine gefettete Gratinform legen. Den Quarkguß darübergießen. Mit den Schinkenstreifen und dem geriebenen Käse bestreuen.

5 Das Spargelgratin im vorgeheizten Backofen auf mittlerem Einschub 15 Minuten überbacken.

Variante:
Im Herbst und Winter den Spargel durch Schwarzwurzeln ersetzen. Die Stangen am besten mit Küchenhandschuhen schälen, da der austretende Saft braune Flecken auf der Haut hinterläßt. Die Stangen quer halbieren und sofort im Dampf garen, etwa 30 Minuten.

Abbildung Spargelgratin

Pilzflan auf Madeirasauce

für 4 Personen als Vorspeise

- **20 g getrocknete Herbsttrompeten**
- **200 g frische Champignons**
- **2 Schalotten**
- **1 EL Butter**
- **100 g/1 dl süße Sahne/Rahm**
- **2 Freilandeier**
- **1 Bund Petersilie**
- **Meersalz**
- **Pfeffer aus der Mühle**
- **geriebene Muskatnuß**
- **wenig Majoran**

Sauce

- **1 Schalotte**
- **1 EL Butter**
- **100 ml/1 dl Madeira**
- **150 g/1,5 dl süße Sahne/Rahm**
- **Salz, Pfeffer**

Tip

Flan und Sauce können ein paar Stunden im voraus zubereitet werden; den Flan jedoch erst vor dem Servieren im Wasserbad pochieren. Die Sauce aufwärmen.

1 Die Herbsttrompeten in warmem Wasser einlegen. Die Pilze unter fließendem Wasser waschen.

2 Die Champignons putzen und in Scheiben schneiden. Die Schalotten fein hacken. Die gehackten Schalotten in 1/2 Eßlöffel Butter andünsten. Die Champignons beifügen und mitdünsten. Mit der süßen Sahne angießen, sämig einköcheln, dann auskühlen lassen.

3 Die Herbsttrompeten in der restlichen Butter kurz dünsten. Eine Hälfte hacken, die andere beiseite stellen.

4 Den Ofen auf 180 Grad vorheizen. Die Souffléförmchen einbuttern. Für die Gratinform (wird zum Pochieren des Flans gebraucht) Wasser zum Kochen bringen.

5 Die Champignons samt Flüssigkeit mit den Eiern pürieren. Die Petersilie fein hacken und mit den gehackten Herbsttrompeten unter das Champignonpüree rühren. Die Pilzmasse in die gebutterten Souffléförmchen füllen und diese mit Alufolie schließen. Die Förmchen in eine Gratinform stellen. Bis 1/3 unter den Rand mit dem kochenden Wasser füllen. Den Pilzflan bei 180 Grad auf mittlerem Einschub 45 Minuten pochieren.

6 Für die Sauce die Schalotte fein hacken und in der warmen Butter andünsten. Die Herbsttrompeten dazugeben und kurz mitdünsten. Mit dem Madeira angießen, wenig einköcheln lassen. Die süße Sahne dazugeben, abermals wenig einköcheln lassen. Würzen.

7 Mit der Pilzsauce auf vorgewärmten Tellern einen Spiegel machen. Den Rand des Flan mit einem Messer lösen, das Köpfchen auf die Sauce stürzen.

Gefülltes Schweinefilet mit Sahnesauce

20 g getrocknete Morcheln
100 ml/1 dl lauwarmes Wasser
2 Schalotten
1 Bund Schnittlauch
1 EL Butter
600 – 800 g Schweinefilet
Meersalz
Pfeffer aus der Mühle
75 g Speck
125 g Crème double
geriebene Muskatnuß
1 EL Butterschmalz/ Bratbutter

1 Die Morcheln etwa 15 Minuten im lauwarmen Wasser einlegen. Das Morchelwasser durch ein Kaffeefilterpapier absieben und aufheben. Die Morcheln längs halbieren und unter fließendem Wasser reinigen.

2 Die Schalotten hacken, den Schnittlauch fein schneiden. Beides in der warmen Butter andünsten, die Morcheln beifügen und 5 Minuten mitdünsten. Auskühlen lassen.

3 Das Filet der Länge nach tief einschneiden – nicht durchschneiden. Auf beiden Seiten mit Salz und Pfeffer würzen. Die Morcheln in den Einschnitt füllen, mit Küchengarn umwickeln.

4 Den Speck klein würfeln und ohne Fett braun braten, aus der Pfanne nehmen. Den Bratfond mit dem Morchelwasser ablöschen, 5 Minuten kochen lassen. Die Crème double beifügen, köcheln lassen, bis die Sauce etwas eingedickt ist. Mit Salz, Pfeffer und Muskatnuß abschmecken.

5 Das Filet im heißen Butterschmalz rundum anbraten, auf mittlerem Feuer zugedeckt 15 Minuten schmoren lassen. Das Küchengarn lösen.

6 Mit der heißen Sauce auf vorgewärmten Tellern einen Spiegel machen. Das Filet in 2 cm dicke Scheiben schneiden, auf der Sauce anrichten. Mit Reis servieren.

Tip

Die Sauce ein paar Stunden im voraus zubereiten. Das Schweinefilet füllen, aber erst vor dem Servieren braten.

Kalbsbraten in Milch gegart

für 6 Personen

- 3 EL Butterschmalz/ Bratbutter
- 1,2 kg Kalbsschulter
- Meersalz
- Pfeffer aus der Mühle
- 4 kleine Zwiebeln, geviertelt
- 1,5 l Milch
- geriebene Muskatnuß
- je 4 Zweiglein Rosmarin und Salbei
- 2 EL Mehl
- 2 EL Butter
- 1 Zitrone, abgeriebene Schale

Tip

Mit Gemüse und Bratkartoffeln oder Nudeln servieren.

1 Den Backofen auf 250 Grad vorheizen.

2 Das Butterschmalz in einen Bräter oder in eine ofenfeste Form mit Deckel geben. Die Kalbsschulter mit Salz und Pfeffer würzen, in die Form legen. Auf unterstem Einschub 35 Minuten ohne Deckel anbraten, nach 20 Minuten wenden.

3 Die Milch aufkochen, mit Salz, Pfeffer und Muskatnuß würzen.

4 Den Bräter aus dem Ofen nehmen. Die Ofentemperatur auf 160 Grad zurückschalten. Die Zwiebeln und die Kräuterzweiglein zum Fleisch geben, mit der Milch angießen. Den Deckel aufsetzen. Den Bräter zurück in den Ofen stellen und das Fleisch etwa 90 Minuten schmoren lassen.

5 Das Mehl und die Butter mit einer Gabel gut verkneten.

6 Den Bräter aus dem Ofen nehmen und das Fleisch herausnehmen. Die Sauce in einen kleinen Kochtopf absieben. Die Zitronenschalen beifügen. Die Sauce aufkochen, die Mehlbutter stückchenweise dazugeben und unter Rühren aufkochen. Nun die Sauce mit dem Stabmixer pürieren, so wird sie schön fein und das ausgeflockte Eiweiß verschwindet.

7 Die Kalbsschulter in Scheiben schneiden und in der Sauce warm werden lassen.

Abbildung
Kalbsbraten in Milch gegart

Kalbskotelett an Senfsauce

750 g Kalbskotelett am Stück, ohne Knochen
Meersalz
Pfeffer aus der Mühle
2 EL Butterschmalz/ Bratbutter

Sauce

1 kleine Zwiebel
2 EL Butter
100 ml/1 dl trockener Vermouth, z. B. Noilly Prat
200 ml/2 dl Weißwein
200 ml/2 dl Hühnerbrühe
300 g/3 dl süße Sahne/ Rahm
5 EL Senf
1 Bund Schnittlauch

Tip

Das Fleisch trocknet auch nicht aus, wenn es etwas länger als 90 Minuten im Ofen bleibt.

1 Den Backofen auf 80 Grad vorheizen.

2 Aus dem Fleisch zwei gleich dicke Steaks schneiden. Mit Salz und Pfeffer würzen. Das Fleisch im heißen Butterschmalz beidseitig scharf anbraten, in eine Gratinform legen und in den vorgeheizten Backofen schieben. 90 Minuten schmoren lassen.

3 Für die Sauce die Zwiebel fein hacken und in der warmen Butter andünsten. Angießen mit dem Vermouth, dem Weißwein und der Geflügelbrühe, bei starker Hitze kochen, bis die Hälfte der Flüssigkeit verdampft ist, mindestens 10 Minuten. In dieser Zeit kann auch der Alkohol verdunsten. Die süße Sahne und den Senf unterrühren. Nochmals köcheln lassen, bis die Sauce die richtige Konsistenz hat. Mit Salz und Pfeffer würzen. Den Schnittlauch fein schneiden und unterrühren.

4 Vor dem Servieren die Ofentemperatur auf 250 Grad erhöhen. Sobald die Temperatur erreicht ist, das Fleisch herausnehmen. Die Steaks in Faserrichtung in Scheiben schneiden.

5 Mit der Sauce auf den vorgewärmten Tellern einen Spiegel machen. Das Fleisch darauf anrichten. Mit Bandnudeln servieren.

Lammgigot

1 Die Knoblauchzehen vierteln. Mit einer scharfen Messerspitze in das Fleisch kleine Einschnitte machen. Den Knoblauch in die Vertiefungen drücken. Das Fleisch mit Salz und Pfeffer würzen. Mit Küchengarn zu einem runden Braten binden, in eine Schüssel legen. Die Zwiebeln fein hacken, mit den Lorbeerblättern und den Nelken zum Fleisch geben. Die Buttermilch darübergießen. 2 bis 3 Tage zugedeckt im Kühlschrank marinieren.

2 Den Backofen auf 250 Grad vorheizen.

3 Lammkeule aus der Marinade nehmen, abtropfen lassen und trocken tupfen. Die Marinade aufbewahren.

4 Das Butterschmalz in einen Bräter oder in eine ofenfeste Form mit Deckel geben, die Lammkeule hineinlegen. Das Fleisch im vorgeheizten Ofen auf unterstem Einschub ohne Deckel 20 Minuten anbraten.

5 Die Ofentemperatur auf 180 Grad reduzieren. Den Deckel auflegen und die Keule etwa 60 Minuten schmoren lassen, ab und zu mit wenig Marinade übergießen. Das Fleisch aus der Form nehmen und warm stellen.

6 Die Crème fraîche und das Mehl glattrühren, mit dem Bratfond in einen kleinen Kochtopf geben, die Sauce unter Rühren aufkochen. Die restliche Marinade beifügen und nochmals aufkochen. Mit dem Stabmixer pürieren.

7 Mit der Sauce auf vorgewärmten Tellern einen Spiegel machen. Das Fleisch in Scheiben schneiden und auf der Sauce anrichten.

für 6 Personen

- **4 Knoblauchzehen**
- **1 Hammelkeule/Lammgigot, ohne Knochen ca. 1,2 kg**
- **Meersalz**
- **Pfeffer aus der Mühle**
- **2 Zwiebeln**
- **3 Lorbeerblätter**
- **2 Nelken**
- **1 l Buttermilch**
- **5 EL Butterschmalz/Bratbutter**
- **1 Becher (200–250 g) Crème fraîche/dickflüssige saure Sahne**
- **2 EL Mehl**

Tip

Mit in Butter und Rosmarinnadeln gebratenen Frühkartoffeln servieren.

Fisch-Lasagne

600 g Fischfilets, z. B. Heilbutt, Flundern
8 Scampi
8 Lasagneblätter

Sauce

1 Bund Dill
250 g Frischkäse
50 ml/0,5 dl trockener Vermouth, z. B. Noilly Prat
100 ml/1 dl Weißwein
1 Briefchen Safranpulver
Meersalz
Pfeffer aus der Mühle

Tip

Unter dem Grill kurz gratinieren. Aber: Achtung auf Teller!

1 Den Backofen auf 200 Grad vorheizen.

2 Für die Sauce den Dill fein hacken. Frischkäse, Vermouth und Weißwein aufkochen. Den Safran und den Dill unterrühren, würzen.

3 Die Fischfilets in Streifen schneiden. Die Scampi schälen. Fischstreifen und Scampi in eine eingefettete Gratinform verteilen, mit der Sauce übergießen. Im Ofen auf unterstem Einschub 15 Minuten garen.

4 Die Lasagneblätter in reichlich Salzwasser al dente kochen.

5 Auf jeden Teller ein Lasagneblatt legen. Die Fischstreifen und die Scampi samt Sauce darauf anrichten, mit einem Lasagneblatt abschließen.

Abbildung
Fisch-Lasagne

Kinderparties

Mit zu den schönsten Dingen in der Familie gehören Kinderfeste. Klar, daß sie Anlaß für besondere Leckereien sind, die Kinderherzen höher schlagen lassen. Wir haben die Rezepte extra einfach gestaltet, damit Ihnen Ihr Sprößling, falls er möchte, bei der Vorbereitung »seiner Party« zur Hand gehen kann.

Süße Spiegeleier

1 Die Aprikosen halbieren und entsteinen. Mit dem Apfelsaft in einen Kochtopf geben und zugedeckt während etwa 5 Minuten knapp weich kochen. Die Aprikosen samt Fond in einer Schüssel auskühlen lassen.

2 Die Milch mit dem ausgekratzten Vanillemark und der Schote aufkochen, den Grieß einrühren und auf kleinem Feuer 20 Minuten köcheln lassen. Häufig rühren, damit der Brei nicht anbrennt. Den Topf von der Wärmequelle nehmen und die Schote entfernen. Den Honig unterrühren.

3 Den Grießbrei in Teller verteilen und die Aprikosenhälften darauf setzen. Mit etwas Fond übergießen. Kalt oder warm servieren.

Variante:
Sie können die Aprikosen auch durch Pfirsiche ersetzen.

Abbildung Seite 91

Kompott

250 g Aprikosen
150 ml/1,5 dl Apfelsaft

Grießbrei

800 ml/8 dl Milch
1 Vanilleschote, aufgeschlitzt
100 g Vollkorn-Weizengrieß
40 g flüssiger Honig

Tip

Besonders cremig wird der Grießbrei, wenn Sie noch ein Stückchen Butter einrühren.

Süßes Polentahuhn auf Apfelkompott

für 4 bis 6 Personen

Mais

0,5 l Milch
6 EL Birnendicksaft
1 Vanilleschote, aufgeschlitzt
150 g Maisgrieß
30 g geriebene Haselnüsse
2 EL Sultaninen

Apfelkompott

5 Äpfel
50 ml/0,5 dl Apfelsaft
6 EL Grenadine-Sirup
3 EL Birnendicksaft

1 Milch, Birnendicksaft, ausgekratztes Vanillemark und Schote aufkochen, den Maisgrieß einrühren und auf kleinem Feuer etwa 20 Minuten köcheln lassen. Häufig rühren, damit der Brei auf dem Pfannenboden nicht anbrennt. Die Vanilleschote entfernen. Die geriebenen Haselnüsse und die Sultaninen unterrühren. Den noch warmen Mais auf einem mit kaltem Wasser abgespülten Blech gut 1 cm dick ausstreichen und erkalten lassen.

2 Die Äpfel schälen, halbieren, das Kerngehäuse ausstechen. Die Äpfel in Scheiben schneiden. Apfelsaft, Sirup und Birnendicksaft aufkochen, die Apfelscheiben in den Saft legen, auf kleinem Feuer weich kochen.

3 Das Apfelkompott auf Suppenteller verteilen. Aus der Polenta Formen ausstechen, z. B. ein Huhn, ein Auto, ein Schiff. Die Polentafiguren auf die Äpfel legen. Warm oder kalt servieren.

Abbildung
vorne: Süßes Polentahuhn auf Apfelkompott
hinten: Süße Spiegeleier (Rezept Seite 89)

Ketchup-Thon-Spaghetti

für 6 Personen

1 rote Paprikaschote/ Peperoni
$^1/_2$ Salatgurke
400 g Vollkorn-Spaghetti
350 g Sahne-/ Rahmquark, 11% Fett
6 EL Ketchup
Meersalz
Pfeffer aus der Mühle
1 Dose rosa Thon (200 g)

1 Die Paprikaschote halbieren, entkernen und den Stielansatz entfernen. Von der Salatgurke und der Paprikaschote mit kleinen Förmchen Tiere ausstechen, z. B. eine Eule, ein Vogel, ein Fisch. Die Gemüsereste klein würfeln.

2 Die Spaghetti in reichlich Salzwasser al dente kochen, während der letzten zwei Minuten die Gemüsewürfelchen und -tiere mitkochen. Abgießen.

3 Den Quark und das Ketchup in einem großen Topf unter Rühren erhitzen, mit Salz und Pfeffer würzen. Den zerpflückten Thon und die Spaghetti zur Sauce geben, gut vermengen.

4 Die Spaghetti anrichten. Mit den Gemüsetierchen garnieren.

Selbst ausgesprochene Gemüsemuffel werden an den Tierchen ihre Freude haben und dieses Gemüse mit Lust essen!

Abbildung
Ketchup-Thon-Spaghetti

Bunt gefülltes Brot

für 10 Scheiben

1 langer dunkler Brotlaib (500 g)
2 hart gekochte Eier
1 Bund Petersilie
100 g Rohschinkenscheiben
100 g Salamischeiben
3 Gewürzgurken
150 g Emmentaler Käse oder Gouda
150 g Frischkäse oder Speisequark, 5% Fett
4 EL Milch

1 Die Brotenden abschneiden und das Brot mit einem scharfen Messer so gut wie möglich aushöhlen.

2 Die Eier schälen und klein würfeln. Die Petersilie fein hacken. Den Rohschinken und den Salami in Streifchen schneiden. Die Gurken und den Käse klein würfeln. Sämtliche Zutaten mischen.

3 Die Masse satt in das ausgehöhlte Brot füllen. Etwa 2 Stunden kühl stellen. In Scheiben schneiden und servieren.

Tip

Die weichen Brotteile für Semmelbrösel/Paniermehl oder eine Brotsuppe verwenden.

Bananencreme mit Schokoladenraspeln

3 Bananen
2 EL Zitronensaft
1 Becher (180–200 g) süße Sahne/Halbrahm
50 g dunkle Schokolade

1 Die Bananen mit dem Zitronensaft pürieren. Die süße Sahne steif schlagen und unterziehen.

2 Die Schokolade raspeln und unter die Creme mischen.

Kindereisbombe

1 Für das Schokoladeneis die Schokolade zerbröckeln. Die Milch aufkochen und den Kochtopf von der Wärmequelle nehmen. Die zerbröckelte Schokolade unter Rühren in der heißen Milch auflösen. Auskühlen lassen. Die süße Sahne steif schlagen. Den Ricotta oder den Quark unter die Schokoladenmilch rühren. Die geschlagene Sahne unterziehen. Die Creme in eine Schüssel von etwa 2 Litern Inhalt einfüllen. Im Tiefkühler gefrieren lassen. Kurz bevor die Creme fest wird, mit einem Suppenschöpfer eine Vertiefung eindrücken und die Creme an der Schüsselwand hochziehen.

2 Für das Vanilleeis Eigelb, Honig, Wasser, ausgekratztes Vanillemark und Vanillezucker zu einer luftigen Creme aufschlagen. Den Ricotta oder den Quark unterrühren. Die süße Sahne steif schlagen und unter die Creme ziehen. Die Masse in die vorbereitete Eisvertiefung füllen. Im Tiefkühler gefrieren lassen.

3 Die Eisbombe auf einen Teller stürzen und mit Schokoladenraspeln garnieren.

für 12 Personen

Schokoladeneis

120 g dunkle Schokolade
100 ml/1 dl Milch
100 g/1 dl süße Sahne/Rahm
450 g Ricotta oder Sahne-/Rahmquark, 11% Fett

Vanilleeis

2 Eigelb
150 g flüssiger Honig
3 EL heißes Wasser
1 Vanilleschote, aufgeschlitzt
1/2 Beutel Vanillezucker
450 g Ricotta oder Sahne-/Rahmquark, 11% Fett
100 g/1 dl süße Sahne/Rahm

Garnitur

Schokoladenraspeln

Jogomilch

für 10 Gläser

2 Becher (je 150–180 g) Naturjoghurt
100 ml/1 dl Orangensaft
5 EL flüssiger Honig
6 EL Ovomaltine oder ungesüßtes Schokoladenpulver
1,2 l Milch

1 Alle Zutaten mit dem Schneebesen gut verrühren. Den Drink 30 Minuten kühl stellen.

Variante:
Sie können die Jogomilch auch in kleine Tassen füllen und im Tiefkühler gefrieren lassen. Dann als Eis servieren.

Himbeermilch

für 10 Gläser

250 g Himbeeren
1 l Milch
1 Beutel Vanillezucker
8 EL Himbeersirup

1 Die Himbeeren mit 100 ml/1 dl Milch pürieren. Eventuell durch ein Sieb streichen.

2 Das Himbeerpüree und die restlichen Zutaten mit dem Schneebesen verrühren. Bis zum Servieren kühl stellen.

Variante:
Himbeermilch in kleine Tassen füllen und im Tiefkühler gefrieren lassen. Als Eis servieren.

Kuchen

Kaffee und Kuchen am Sonntag. Das war und ist in deutschen Landen immer noch Brauch. Jeder Haushalt hat seine Spezialitäten, deren Rezepte nirgends aufgeschrieben sind, die aber immer wieder gut gelingen. Es lohnt sich, die folgenden Rezepte auszuprobieren. Sicher ist etwas darunter, das in den Familienfundus übergeht.

Beerenquarktorte

für eine Springform von 24 cm ∅
für 8 Personen

Boden

- 150 g dunkles Brot
- 60 g ganze Haselnüsse
- 2 TL Zimtpulver
- 1 EL Vollrohrzucker
- 100 g flüssige Butter

Belag

- 3 Gelatineblätter
- 750 g Speisequark, 5% Fett
- 1 Zitrone, abgeriebene Schale und Saft
- 120 g Vollrohrzucker
- 50 ml/0,5 dl Milch

- 600 g frische oder tiefgefrorene Beeren, z. B. Brombeeren, Himbeeren, Heidelbeeren
- 2 EL Vollrohrzucker
- 2 EL Maisstärke
- 50 ml/0,5 dl Wasser

1 Den Backofen auf 200 Grad vorheizen.

2 Das Brot in Stücke brechen, mit den Haselnüssen auf ein Kuchenblech verteilen und im vorgeheizten Ofen auf mittlerem Einschub 10 Minuten rösten. Brot und Nüsse grob mahlen oder fein hacken.

3 Brotmischung, Zimtpulver, Zucker und flüssige Butter verrühren. Die Masse auf dem Boden der Springform ausstreichen und gut andrücken.

4 Die Gelatineblätter in kaltes Wasser legen.

5 Quark, abgeriebene Zitronenschalen, Zitronensaft und Zucker glattrühren.

6 Die Milch in einem kleinen Kochtopf aufkochen, den Topf von der Wärmequelle nehmen. Die ausgedrückten Gelatineblätter in der Milch unter Rühren auflösen. Den Quark unterrühren. Die Quarkcreme auf dem Brotboden sorgfältig ausstreichen. 1 bis 2 Stunden kühl stellen.

7 Die Beeren mit dem Zucker erhitzen. Die Maisstärke mit dem Wasser verrühren, zu den Beeren geben, aufkochen und kurz köcheln lassen. Auskühlen lassen und auf dem Quark verteilen.

Abbildung
Beerenquarktorte

Cassata surprise

für eine Kasten-/Cake-form von ca. 25 cm Länge für 8 Personen

Biskuit

- 3 Freilandeier
- 70 g fein gemahlener Vollrohrzucker
- 90 g Dinkel-Weißmehl

Zum Tränken

- 100 ml/1 dl Orangensaft
- 5 EL Orangenlikör

Eiscreme

- 150 g kandierte, gemischte Fruchtstückchen
- 70 g dunkle Schokolade
- 500 g Ricotta
- 75 g Honig
- 1 TL Vanillezucker

Glasur

- 1 Beutel Schokoladen-Kuchenglasur

1 Den Backofen auf 160 Grad vorheizen. Die Kastenform sorgfältig mit Backtrennpapier auslegen.

2 Für das Biskuit Eier und Zucker zu einer luftigen Creme aufschlagen. Das Mehl vorsichtig unterheben. Die Masse in die vorbereitete Kastenform füllen. Biskuit im vorgeheizten Ofen auf unterstem Einschub 30 Minuten backen. Aus der Form nehmen und auskühlen lassen.

3 Das Biskuit einmal längs durchschneiden. Den Orangensaft und den Likör verrühren, auf die Schnittflächen träufeln.

4 Die kandierten Fruchtstückchen sehr klein hacken. Die Schokolade klein würfeln. Alle Zutaten für die Eiscreme verrühren.

5 Die Kastenform erneut mit Backtrennpapier auslegen, es soll einige Zentimeter über den Rand der Form reichen. Den Biskuitboden in die Form legen, die Ricottacreme darauf ausstreichen. Das andere Biskuit darauf legen. Die Cassata im Tiefkühler gefrieren lassen.

6 Die Schokoladenglasur gemäß Packungsbeschrieb schmelzen. Die Cassata aus der Form heben, die Glasur darübergießen und glattstreichen. Die Cassata zurück in den Tiefkühler stellen.

7 Die Cassata 30 Minuten vor dem Servieren aus dem Tiefkühler nehmen und im Kühlschrank wenig antauen lassen.

Tiramisu

1 Den Backofen auf 160 Grad vorheizen.

2 Den Boden der Springform mit Backpapier belegen.

3 Die Eier und den Zucker zu einer luftigen Creme aufschlagen. Das Mehl und die Maisstärke langsam unterrühren. Zuletzt die Butter unterziehen.

4 Den Teig auf dem Backpapier ausstreichen. Das Biskuit im vorgeheizten Ofen bei 160 Grad auf mittlerem Einschub etwa 25 Minuten backen. Auf ein zweites Backpapier stürzen und auskühlen lassen.

5 Den Grand Marnier oder den Orangensaft mit dem Kaffee verrühren und den Kuchenboden gleichmäßig damit beträufeln.

6 Für den Belag Mascarpone, gesiebten Staubzucker, abgeriebene Orangenschalen und Grand Marnier oder Orangensaft zu einer dicken Creme rühren. Die süße Sahne steif schlagen und sorgfältig unter die Creme heben. Die Creme auf dem Biskuit ausstreichen. Mit einer Gabel eine Verzierung eindrücken.

7 Mascarpone surprise für ein paar Stunden, noch besser über Nacht, in den Kühlschrank stellen. Vor dem Servieren großzügig Kakao darüberstäuben.

für eine Springform
von 26 cm ∅
für 8 bis 10 Personen

Biskuit

- 3 Freilandeier
- 75 g Vollrohrzucker
- 75 g Dinkel-Weißmehl
- 25 g Maisstärke
- 30 g flüssige Butter

Zum Tränken

- 5 EL Grand Marnier oder Orangensaft
- 100 ml/1 dl sehr starker Kaffee

Belag

- 600 g Mascarpone
- 70 g Staubzucker
- 2 Orangen, abgeriebene Schale
- 4 EL Grand Marnier oder Orangensaft
- 100 g/1 dl süße Sahne/Rahm

Zum Bestäuben

- Kakaopulver

Philadelphia Cheese Cake

für eine Springform
von 24 cm ∅
für 8 Personen

ca. 150 g	Vollkornkekse/-biskuits
125 g	Frischkäse

Zitronencreme

6	Gelatineblätter
100 ml/1 dl	Wasser
375 g	Frischkäse
500 g	Zitronenjoghurt
1	Zitrone, abgeriebene Schale und Saft
100 g	flüssiger Honig
2 Beutel	Vanillezucker

Tip

Wenn die Creme höher als die Kekse ist, zerbröselte Kekse darüberstreuen. Besonders schön sieht die Torte aus, wenn man etwas Frischkäse in einen Spritzbeutel mit Sterntülle füllt und den Rand damit verziert.

1 Die Hälfte der Kekse in einem Plastikbeutel mit dem Nudelholz zu Bröseln zerstoßen. Den Frischkäse und die Brösel zu einem Teig kneten.

2 Den Teig gleichmäßig auf den Boden der Springform verteilen und gut andrücken. Die restlichen Kekse dicht nebeneinander an den Rand stellen.

3 Die Gelatineblätter in kaltes Wasser legen.

4 Für die Zitronencreme das Wasser aufkochen, den Topf von der Wärmequelle nehmen. Die ausgedrückten Gelatineblätter im heißen Wasser unter Rühren auflösen. Die restlichen Zutaten für die Creme glattrühren, die aufgelöste Gelatine unterrühren.

5 Die Zitronencreme in die Springform geben und glattstreichen. Während ein paar Stunden im Kühlschrank fest werden lassen. Erst dann den Rand der Springform öffnen.

Abbildung
Philadelphia Cheese Cake

Blechkuchen mit Sauerkirschen

für ein Blech von 35 x 40 cm
für 12 Personen

- 1 kg Sauerkirschen oder Kirschen
- 250 g Vollrohrzucker
- 250 g Butter
- 2 Beutel Vanillezucker
- 1 Prise Meersalz
- 4 Freilandeier
- 2 Eigelb
- 500 g Speisequark, 0,3% Fett
- 375 g Dinkel-Vollkornmehl
- ½ Beutel Weinsteinbackpulver

1 Die Kirschen entstielen und entsteinen. Bei Verwendung von Sauerkirschen diese mit 60 g Zucker bestreuen und beiseite stellen.

2 Den Backofen auf 180 Grad vorheizen.

3 Das Kuchenblech mit Backpapier belegen.

4 Restlichen Zucker, Butter, Vanillezucker und Salz in eine Schüssel geben. Während etwa 10 Minuten mit dem Schneebesen oder mit dem Handrührgerät luftig aufschlagen. Die Eier, das Eigelb und den Quark unterrühren. Das Mehl und das Backpulver mischen und ebenfalls unterrühren.

5 Den Teig in dem mit Backpapier ausgelegten Blech glattstreichen. Die Kirschen samt Saft auf dem Teig verteilen.

6 Den Kuchen im vorgeheizten Ofen bei 180 Grad auf unterstem Einschub 45 Minuten backen. Lauwarm oder kalt servieren.

Aprikosenkuchen

für ein Blech
von 35 x 40 cm
für 12 Personen

Teig

- 300 g geriebene Mandeln
- 300 g Butter
- 300 g Vollrohrzucker
- 300 g Dinkel-Vollkornmehl
- ca. 100 ml/1 dl Wasser

Vanillecreme

- 0,5 l Milch
- 1 Vanilleschote, aufgeschlitzt
- 6 Eigelb
- 3 EL Maisstärke
- 150 g Vollrohrzucker

Belag

- 1,5 kg Aprikosen
- 1,5 l Wasser
- 200 g Vollrohrzucker

1 Den Backofen auf 180 Grad vorheizen.

2 Mandeln, Butter, Zucker, Mehl und Wasser zu einem geschmeidigen Teig zusammenfügen. Den Teig zwischen zwei Backpapieren auf Blechgröße (ohne Rand) ausrollen. Das Teigblatt mit den Backpapieren in das Blech legen, das obere Papier entfernen. Den Teigboden im vorgeheizten Ofen auf mittlerem Einschub 10 Minuten backen. Der Teig wird erst nach dem Auskühlen fest.

3 Für die Vanillecreme Milch, ausgekratztes Vanillemark, Vanilleschote, Eigelb, Maisstärke und Zucker in einen Topf geben, unter ständigem Rühren mit dem Schneebesen aufkochen. Die Vanilleschote entfernen. Die Creme auskühlen lassen, ab und zu rühren, damit sich keine Haut bilden kann.

4 Die Aprikosen halbieren, den Stein und den Stielansatz entfernen. Das Wasser mit dem Zucker aufkochen. Die Aprikosenhälften in den Zuckersirup legen, aufkochen und auf der ausgeschalteten Wärmequelle auskühlen lassen.

5 Die Vanillecreme auf den Teigboden streichen. Mit den abgetropften Aprikosenhälften belegen.

Sahnefladen

für eine Springform von 26 bis 28 cm ∅
für 8 Personen

Hefeteig

- 250 g Dinkel-Weißmehl oder -Ruchmehl
- 1 Prise Meersalz
- 10 g Hefe
- 2 EL Vollrohrzucker
- 40 g flüssige Butter
- 1 Freilandei
- ca. 100 ml/1 dl lauwarme Milch

Belag

- 30 g Butter
- 200 g/2 dl Crème double/Doppelrahm
- 80 g Vollrohrzucker
- Zimtpulver

Tip

Der Kuchen schmeckt lauwarm am besten. Er kann vor dem Servieren ohne weiteres nochmals kurz in den Ofen geschoben werden.

1 Den Hefeteig zubereiten wie bei Ricotta-Mohnzopf, Seite 42, beschrieben.

2 Den Teig auf die Größe der Springform ausrollen. In die eingefettete Form legen. Den Teig nochmals gehen lassen.

3 Den Backofen auf 200 Grad vorheizen.

4 Mit einem Finger in gleichmäßigem Abstand Löcher in den Teig drücken. Die Butter in Stückchen schneiden und in die Vertiefungen legen. Die Crème double auf dem Teig ausstreichen. Den Zucker darüberstreuen.

5 Den Sahnekuchen im vorgeheizten Ofen auf mittlerem Einschub etwa 30 Minuten backen. Nach Belieben mit Zimtpulver bestreuen.

Abbildung
vorne: Quarkstrudel mit Vanillesauce (Rezept Seite 108)
hinten: Sahnefladen

Quarkstrudel mit Vanillesauce

für 8 Personen

Strudelteig

- 250 g Dinkel-Vollkornmehl
- ½ TL Meersalz
- 100 g Sahne-/Rahmquark
- ca. 100 ml/1 dl Wasser

Füllung

- 3 EL Maisstärke
- 100 ml/1 dl Milch
- 500 g Speisequark, 5% Fett
- 60 g zimmerwarme Butter
- 80 g Vollrohrzucker
- 1 Beutel Vanillezucker
- 5 Eigelb
- 25 g Zitronatwürfelchen
- 25 g Orangeatwürfelchen
- 50 g Sultaninen
- 2 Eiweiß

- 50 g flüssige Butter zum Bestreichen

Vanillesauce

- 1 Becher (180–200 g) saure Sahne/saurer Halbrahm
- 4 EL Kaffeesahne/-rahm
- ½ TL Vanillesamen aus dem Glas
- 2 EL flüssiger Honig

1 Den Teig zubereiten wie auf Seite 109 beschrieben.

2 Für die Füllung Maisstärke und Milch in einem Kochtopf verrühren, unter ständigem Rühren aufkochen. Diese dicke Creme sogleich unter den Quark rühren.

3 Butter, Zucker, Vanillezucker und Eigelb zu einer luftigen Creme aufschlagen. Die Quarkcreme unterrühren. Zitronat und Orangeat sowie Sultaninen beigeben. Das zu steifem Schnee geschlagene Eiweiß unterziehen.

4 Auf der Arbeitsfläche ein großes Tuch ausbreiten. Das Tuch mit Mehl bestäuben. Die Teigkugel zu einem Rechteck formen und auf dem Tuch mit dem Nudelholz dünn ausrollen. Nun mit bemehlten Händen den Teig von der Mitte her langsam ausziehen, bis er regelmäßig transparent ist. Das Rechteck soll etwa 40 x 60 cm groß sein.

5 Die Füllung auf einer Teighälfte ausstreichen, einen 5 cm breiten Rand frei lassen. Diesen Teigrand über die Füllung einschlagen. Den Teig mit Hilfe des Tuches von der Schmalseite (der Seite mit der Füllung) her einrollen. Ein Backpapier unter den Strudel ziehen und darauf achten, daß das Teigende unten zu liegen kommt. Den Strudel samt Backpapier in das Kuchenblech legen. Den Strudel großzügig mit flüssiger Butter einpinseln.

6 Den Strudel im vorgeheizten Backofen bei 220 Grad auf unterstem Einschub etwa 30 Minuten backen. Von Zeit zu Zeit mit flüssiger Butter einpinseln.

7 Für die Vanillesauce alle Zutaten gut verrühren.

Abbildung Seite 107

Topfengolatschen

1 Die Aprikosen 1 Stunde im Orangensaft marinieren.

2 Für den Strudelteig Mehl, Salz, Quark und Wasser in eine Schüssel geben. Mit dem Handrührgerät oder in der Küchenmaschine zu einem weichen, geschmeidigen Teig rühren. Dies dauert mindestens 10 Minuten. Wird der Teig von Hand zubereitet, gibt man ihn auf eine bemehlte Arbeitsfläche. Er wird nun nicht geknetet, sondern mit den Händen auseinander gezogen, gefaltet, wieder auseinander gezogen usw. Diesen Vorgang wiederholen, bis der Teig nicht mehr an den Händen haftet und geschmeidig ist. Den Teig zu einer Kugel formen und bei Zimmertemperatur in Klarsichtfolie eingewickelt 30 Minuten ruhen lassen.

3 Für die Füllung Quark, Butter, Eigelb, ausgekratztes Vanillemark und abgeriebene Zitronenschalen glattrühren. Das Eiweiß mit dem Zucker zu Schnee schlagen, unter die Quarkmasse heben.

4 Den Teig halbieren, zwei Rechtecke von 20 x 50 cm ausrollen. Gerade schneiden. Ein Blatt dünn mit der Quarkmasse bestreichen. Mit dem zweiten Blatt decken. 12 Quadrate schneiden. Auf jedes Quadrat eine marinierte Aprikose legen. Die Ecken zur Mitte einschlagen und andrücken. Mit Eigelb bestreichen. Die Topfengolatschen im vorgeheizten Ofen bei 180 Grad auf mittlerem Einschub 15 Minuten backen.

5 Die noch warmen Golatschen mit einer heißen Aprikosensauce anrichten.

für 6 Personen

12 getrocknete Aprikosen
50 ml/0,5 dl Orangensaft

Füllung

250 g Speisequark, 0,3% Fett
25 g flüssige Butter
2 Eigelb
½ Vanilleschote, aufgeschlitzt
½ Zitrone, abgeriebene Schale
50 g fein gemahlener Vollrohrzucker
2 Eiweiß

1 Eigelb zum Bestreichen

Strudelteig

250 g Dinkel-Vollkornmehl
½ TL Meersalz
100 g Sahne-/Rahmquark
ca. 100 ml/1 dl Wasser

Rezept- und Sachregister